与爱同行

主　编：孙洪锐

副主编：王启龙　曲莲花　邢　赛　王晓辉
　　　　张家跃　姜小丽　刘晓娜　刘奎华
　　　　姜柔柔　王晓慧　陈俊杰　代小凤
　　　　逄永山　宋　玮　刘　雪　刘晶晶
　　　　张洪民　张　华　于　帅　韩官海
　　　　张　超

编　委：李永杰　于琳琳　夏　锟　顾秀雯
　　　　高志雯　逄佳洁　刘　睿　李　超
　　　　杨亚飞　孙聪聪　柳苏民　马凯鑫
　　　　何建民

中国海洋大学出版社
·青岛·

图书在版编目（CIP）数据

与爱同行 / 孙洪锐主编 . -- 青岛：中国海洋大学

出版社，2025. 4. -- ISBN 978-7-5670-4162-2

Ⅰ. G40-014

中国国家版本馆 CIP 数据核字第 2025EV0047 号

出版发行	中国海洋大学出版社		
社　　址	青岛市香港东路 23 号	邮政编码	266071
出 版 人	刘文菁		
网　　址	http://pub.ouc.edu.cn		
订购电话	0532-82032573（传真）		
责任编辑	邵成军　刘怡婕	电　　话	0532-85902533
印　　制	日照日报印务中心		
版　　次	2025 年 4 月第 1 版		
印　　次	2025 年 4 月第 1 次印刷		
成品尺寸	170 mm ×240 mm		
印　　张	12. 75		
字　　数	220 千		
印　　数	1—1 000		
定　　价	59. 00 元		

·序·

涓涓细流汇聚成海，点点星光照亮夜空。在成为优秀班主任的道路上，青岛市中职孙洪锐名班主任工作室一行九人，因爱而聚，与爱同行。

光阴流转，岁月如梭，一路走来，工作室建设的片段历历在目：衡水中学现场调研、读书分享、专题交流、"琴岛慧立"中职班主任发展共同体学术沙龙、专家授课……每一项工作都"不驰于空想，不骛于虚声"，一步一个脚印，真正做到了"以爱为源，以书为友，以德树人"。

孙洪锐名班主任工作室通过现场调研、专业阅读及交流、专题研讨及学术沙龙、专家授课指导等途径驱动发展；立足大环境，围绕中职班级管理和德育中的热点、重点和难点问题，有针对性地深耕科研；结合工作室的目标和任务，有的放矢，精准凝练。工作室成员通过发表论文、出版专著、主持和参与课题研究、申报教学和科研成果等方式全方位展示培育成果；注重成果转化，将在理论和实践探索中形成的教育教学改革新方法，学生管理新模式、新理念，通过示范性主题班会课、德育专题讲座、班级管理经验交流会、校社帮扶活动、社会志愿服务等多种方式示范、辐射。

高山仰止，方知才疏，三人同行，觉左右为师，工作室为成员提供了结伴成长、彼此赋能的平台，聚力打造了"心中有爱，手中有法"的班主任成长共同体，将工作室真正建成了"幸福的家园、研修的平台、成长的阶梯、辐射的中心"。所有过往，皆为序章。我们会继续立足本职，不忘初心，深深扎根班主任工作的土壤,在工作室这片智慧的丛林里,终日乾乾,与时偕行。

良时正可用,行矣莫徒然。前行的道路上,我们将一如既往,心中有爱,行中有善,抱团成长,众行致远。

孙洪锐

2024 年 1 月 18 日

·前 言·

本书分为发展篇、成果篇、辐射篇和提升篇四个篇章,记录了青岛市中职孙洪锐名班主任工作室发展过程中的点点滴滴。

本书内容充分体现了德育的核心和灵魂——爱与责任。工作室基于中职学校班主任工作的特点、难点和焦点,针对德育工作中的特殊问题,确立了工作室的目标和方向,制定了行之有效的策略和方案,充分提升了工作室每个成员的班主任基础工作能力、德育教育能力、科研能力、辐射引领能力等综合核心素养。

本书以立德树人为核心,以工作室的建设和班主任成长发展为依托,记录了每个成员的学习、实践和提升过程,并为中职班主任德育工作提出了建设性的意见,在发挥青岛市中职班主任工作的引领和辐射作用中,达到了抛砖引玉的效果。

本书撰写、审核、编辑的情况如下:孙洪锐负责全书的审核,并撰写了部分内容;王启龙、曲莲花、邢赛、张家跃、王晓辉、刘奎华、刘晓娜负责部分内容的编辑及第一、二、四篇章部分内容的撰写;姜柔柔、宋玮、刘雪、张华、张洪民、于帅、韩官海、姜小丽、王晓慧、张超、陈俊杰、代小凤、逄永山、孙聪聪参与第二、三、四篇章部分内容的撰写;于琳琳、夏锟、顾秀雯、高志雯、逄佳洁、刘睿、刘晶晶、李永杰、杨亚飞、马凯鑫、柳苏民、何建民参与第四篇章部分内容的撰写。

2024 年 1 月 18 日

1

·目 录·

— 第一章 —
发 展 篇

第一节
理论学习　专家引领
记孙洪锐名班主任工作室进一步发展

一、理论学习

（一）教育经典研读

1.《了凡四训》

针对部分中职学生目标迷失，缺少学习动力，产生浮躁、焦虑情绪，甚至抑郁等问题和现象，孙洪锐老师对症下药，和同学们一起分享了明朝著名的家训经典《了凡四训》。

《了凡四训》又名《命自我立》，是中纪委、监察委号召党员干部品读的一本经典。

本书是明代袁了凡先生结合亲身经历和毕生学问与修养，为了教育自己的子孙而作的家训。书中他教诫儿子袁天启认识命运的真相、明辨善恶的标准、改过迁善、行善积德。

通过此经典的分享，同学们进一步消除了自己心中的疑虑，明确了人生方向和目标，能更有信心地投入新的生活和学习中。

2.《高效能人士的七个习惯》

《高效能人士的七个习惯》一书中提到的七个习惯可以有效帮助学生养成好的习惯。这七个习惯即积极主动、以终为始、要事第一、双赢思维、知彼解己、统合综效、不断更新。孙洪锐老师提出："是否能真正有成就并非取决于天性，而是取决于人的习惯。"人应该支配习惯，而不应该让习惯支配自己。对学生而言,操前阅读的声音、教室早读的坐姿都是一种"修炼",在"修炼"过程中要坚持一个原则——"今天比昨天更好一点"。

3.《弟子规》

《弟子规》可作为一本行为指导用书,可以教会学生怎样做人。本书以《论语》的核心内容为纲领,子曰:"弟子入则孝,出则悌,谨而信,泛爱众,而亲仁。行有余力,则以学文。"清朝学者李毓秀将其编写为落实在生活中的行为规范。

4.《论语》

《论语》是我国儒家经典,俗话说,半部《论语》治天下,品读此经典,有利于提升学生的格局、胸怀和胆识。

5.《3—6岁儿童学习与发展指南》

《3—6岁儿童学习与发展指南》是学前教育(幼儿保育)专业教师的工具书,是学前教育(幼儿保育)毕业生就业的专业指导用书。通过品读此书,教师可以提升专业素养,更好地开启幼教事业;通过案例式解读,助力教师在求学、从教生涯中实现自我价值,为社会作出贡献。

最后,孙洪锐老师深情寄语同学们:"有目标的人在奔跑,没目标的人在睡觉,因为他不知道要去哪里;有目标的人睡不着,没目标的人睡不醒,因为不知道起来去干什么。给人生一个梦,给梦一条路,给路一个方向。跌倒了要学会自己爬起来,受伤了要学会自己疗伤。生命只有走出来的精彩,没有等待出来的辉煌。埋怨,只是一种懦弱的表现;努力,才是人生的态度!实力代表尊严!新的征程已拉开序幕。那些尚未实现的梦想,那些还没到达的远方,都在等待你的出发。放下牵绊,收起倦怠,努力,便会遇见更好的自己!"

(二)读书交流

1.工作室成员宋玮老师关于《刻意学习》的读书交流

我非常荣幸能够和老师们分享近期的读书心得。说起读书,能够安静地读完一本书,仿佛是一种奢求。身兼数职的我们每天忙得恨不得有三头六臂,却也不尽如人意。后来,我在微信读书上浏览到一本书叫作《刻意学习》,首先是书名引起了我的注意,当我看到内容之后,里面的内容也深深吸引了我。那么今天我就来和各位老师交流一下。

本书作者毕业于清华大学,是持续行动的实践者,ScalersTalk成长会创始人,1 000天持续行动计划发起人,游走在口译世界的IT从业者。作者提到了两个概念:行动和学习。她正是通过坚持行动和学习,才让自己收获了这份清晰可见的成长。她的成长,就是通过持续行动不断提高自己的直觉判断力的过程。

关于"持续行动",作者借助了数学的"底数"和"阶"的概念,提出"N阶持续行动者"理念,以10为底数,N为幂,10的N次方代表能够持续行动的天数。一般人能持续行动10天,算是有点体验,这叫一阶持续行动者;二阶持续行动者能持续行动100天,基本能改变几个习惯;三阶持续行动者能持续行动1 000天,3年可以整体上升一个人生台阶。但是三阶行动者面临的挑战在于重构和创新,因为当把一件事情持续做到以"年"为单位时,就很容易形成思维惯性和路径依赖,这就是人们说的"成就你的东西也会限制你"。由于环境的变化,对三阶持续行动者而言,需要的是调整策略。例如,我们看一下大学本科教育时间,从入学到大三结束开始找工作,正好3年多;博士研究生的研究成果也普遍集中在第3年;职场从业者在第3年左右也会有一次蜕变,更容易打开新的局面。所以我们说,小规划看3年,大规划看5年。四阶持续行动者的周期是10 000天,约30年,接近于一个时代,如果持续行动,小则可在时代取胜,大则可以翻天覆地。这就是我们常说的"三十年河东,三十年河西"。由于这个周期足够长,往往会有太多的变数,从而让人感觉变幻莫测。从个人角度来看,大成之人无不是几十年如一日地持续行动,比如领域内的顶级科学家或行业领军人物。

从社会角度看,大概30年,大众的头脑就会被断层式清洗一遍,或者集体性遗忘一些东西,这个现象从持续行动的角度来看,即大概10 000天的四阶。不管是科技还是社会形态,或者是人们的认知,30年的变迁足以产生完全不同的改变。这有点像代沟问题,30年前人们认为的逆天新科技,30年后看来只是稀松平常。四阶持续行动者的挑战就是——传承,由于30年是一个断层,对于个人或者机构而言,如何把前人的精神和财富传承下来,是一个关键问题。N还可以继续往下取。N取5的时候就是300年,五阶持续行动者,主体已经不是个人了,而是家族、政权或者企业等,一个家族能否兴旺繁衍,一个政权能否持续发展,就需要在五阶这个层面下功夫。N取6的时候就是3 000年,3 000年持续行动的主体是文明。文明的延续和演化、文化的传承发扬,都要在这个层面下功夫。

对于普通人而言,无论是在生活中还是工作中,我们都要在不断学习的过程中找到适合自己的方法,将书中积极有益的内容为己所用。一个成年人,永远不缺的应该是实践的勇气和一颗不断奋进的心。对于目前信息高速传播,节奏越来越快,知识竞争日益深化的当下,除了自己进行知识的收集、分析,我们还可以通过付费的方式,在短时间内找寻到高质量高水平的知识模块。该书作者说:"我个人理解,成长是由个体主动发起,以突破局部为导向,持续演进的行为过程。"成长意味着作出决定并落地执行,过程中必然面临各种阻力、各种意外,需具备丰富的经验和坚强的意志才能克服这些困难。

2. 主持人及成员感悟

孙洪锐感悟

宋玮老师的读书分享内容翔实而实用,从脉络到内容、从体会到反思,结合自己的生活实践,充分展现了自身的良好习惯和文学功底,体现了读书所带来的成长和独特魅力。

张家跃感悟

宋玮老师分享的阅读感悟,让我明白了对于班主任工作中的实际问题可以从书中寻找根源和答案。工作与生活节奏的加快,使我们似乎已经很难再深入阅读一本书了,而宋老师通过带领我们回顾《刻意学习》,让我感受到阅读对教师发展的重要影响。

(三)其他方式学习

1. 现场调研

根据工作室的发展规划和年度计划,工作室组织成员带着问题和研究方向,到不同单位进行现场调研。在调研的过程中,结合中职班主任工作的实际情况,探讨中职学生管理的新模式,并形成文字和PPT,及时地进行经验分享和交流。

2. 专题研讨及学术沙龙

为更好地帮助工作室成员,有针对性地解决班主任工作中的焦点和难点,从而提升工作室成员的工作实战能力,工作室多次举行了"主题班会课""德育优质课""班主任技能大赛赏析""青年班主任基本功大赛"等专题研讨,并及时形成文字总结。同时,还与同类工作室联合举行了"以赛促长,以赛促教"

"启智润心,增慧立德""不忘初心,砥砺前行"等专业学术沙龙。

3. 专家授课指导

针对工作室遇到的疑难问题,聘请青岛市教科院孙泓老师和刘永洁老师、中国海洋大学孙艳霞老师、天津海河中学王树青老师开设专题讲座,为工作室发展答疑解惑。

二、课堂诊断

孙洪锐老师带领工作室全体成员以及观摩学习的老师一起走进工作室成员张家跃的优质班会课。

大家看得津津有味,过程中纷纷发表想法。班会结束后,主持人孙洪锐老师又带领全体成员进行了深入细致的研讨和精彩点评,大家畅所欲言、见解独特,真正在交流中有所收获。此次优质班会课赏析使各位班主任对班会课有了更深的认识和理解,在一定程度上为如何上好班会课指明了方向,真正体现了互动学习,做到优势互补。

三、高端培训

(一)外出培训

"青岛市中小学名班主任工作现场交流会"于2020年10月30日在青岛三十九中举办。孙洪锐老师带领孙洪锐名班主任工作室成员参加现场交流会。

首先,青岛市教科院课程中心孙泓老师阐述了名班主任工作室存在的意义、主要任务以及工作室主持人的主要职责。工作室把培养人才作为第一要务,针对当前班主任工作的重难点问题开展课题研究,注重向其他学校、区域传播班主任工作的优秀经验。

随后,李娟名班主任工作室主持人李娟老师与我们分享了以"不忘初心,砥砺前行"为主题的班主任工作室经验。

李娟老师从制度建设、进行案例研讨和撰写教育叙事、组织外出学习、组织学期初教师寄语活动、组织教师节学生拍视频活动、共同打磨班会课、结对合作学校启动工作等方面与我们分享了她的经验与理念。孙洪锐名班主任工作室的成员们从中收获了很多,感悟了很多。

接着,李娟名班主任工作室成员——青岛十七中学的王琳老师带来了她的演讲《浸润书香,与君同行》。

姚丹丹老师也分享了她的经验与故事。她提出,理想的老师是胸怀理想、充满激情和诗意的老师,是自信、自强、不断挑战自我的老师,是善于合作、具有人格魅力的老师,也是充满爱心、受学生尊重的老师,追求卓越、富有创新精神的老师。

青岛三十九中刘俊卿老师以《让教育像呼吸一样自然》为题进行了演讲,他认为教育就是让学习像呼吸一样自然,是用一棵树去摇动另一棵树,用一朵云去推动另一朵云,用一个灵魂去唤醒另一个灵魂,让学生像大树一样沐浴在知识的阳光下。

王淑英老师以《始于魅力,终于才华》为题分享了她在李娟名班主任工作室的成长与收获。

随后,中国海洋大学孙艳霞教授上台演讲,她认为老师是国家的英雄,肩负着培养未来人才的任务。同时孙教授也肯定了李娟名班主任工作室所做的工作与努力。

最后,孙泓老师总结道:"我们心目中的名师、名班主任主持人,是有教育情怀、有教育追求的人;他们愿意带动志同道合的老师们共同发展,而不仅仅考虑自己发展;他们不把主持人这个头衔当成获取更多荣誉的砝码,而当成成就别人的机会;他们愿意成就别人,因为他们知道在成就别人的过程中,也在成就自己;他们有强烈的责任感和使命感,他们乐于奉献,勇于担当,因为他们知道名师工作室主持人这个称号是由沉甸甸的责任构成的。为名师、名班主任工作室发展服务,倍感光荣,同时责任重大。我将全心全意为工作室建设做好服务工作,为青岛的教育发展做好点点滴滴。"

会议结束后,孙洪锐名班主任工作室全体成员与李娟、孙泓、孙艳霞等与会专家合影留念,积极互动,交流工作经验。

(二)市级专题研讨活动

1. "双减"背景下学习型班级建设研讨活动

2022 年 1 月 3 日至 1 月 5 日,"双减"背景下学习型班级建设研讨活动在市教科院举行。本次活动旨在交流学习型班级建设的研究成果和实践经验,从班级建设角度破解"双减"难题,积极推进"双减"政策进一步落地。

"双减"背景下的学习型班级建设以培养学习型人才为组织目标,通过学习型组织的建构,培养学生良好的学习习惯,激发学习的内驱力,形成良好的学习思维和自主学习的能力,促进整个班级的均衡发展,服务学生终身成长。会上,市教科院专家、市级名班主任工作室主持人及教师代表结合自身的研究方向和工作实践,交流了"双减"背景下学习型班级建设相关的阶段性研究成果。

市教科院课程中心薛新飞以《双减背景下如何开展学习型班级建设的研究与实践》为题,从为什么要研究"学习型"班级建设、"学习型"班级的研究进展、从哪些角度研究、采用什么样的方法四个方面阐述了"双减"背景下学习型班级建设的重要性。他认为班级是学生学习的核心阵地,班级建设要服务学生终身发展,让所有班级成员都能够在班级建设的过程中做到"想学习,能学习,会学习"。

青岛七中郭德利老师在题为《学习型组织的构建与人本文化渗透》的分享中,提出了教育是指向成长的,人本文化是把"人"的成长视为班级工作的核心,同时也兼顾班级管理的效能要求、科学管理的思维方法。

青岛一中张磊老师在题为《增强内驱力,提升自主学习能力》的分享中,从"因势利导,顺势而为;适时总结,清醒前行;积极引导,正向激励"三个方面结合自己的工作实践诠释了增强内驱力、提升自主学习能力的可行性和有效性,并在交流的过程中给人以观念清新,问题精准,实效性强的感觉。

市南区实验小学高在慧、牟海霞老师以《"双减"背景下如何建设学习型班级》为题,结合学习型班级建设实例从班级组织新形态、系统赋能新场域、学生评价新动能、家校协作新样态四个方面分享了许多创造性的班建策略,为"双减"背景下学习型班级建设提供了实践经验。

胶州市三里河小学陈密芝老师以《基于学科协同培养小学生自主能力的实践研究》为题,从"统一要求,规范课堂常规;同步跟进,一生一档;联动评价,整体提升"三方面分享了她在班级学科协同方面的一些实践做法。她认为学科协同工作改变了班级和课堂生态,对于学习型班级建设具有积极的意义。

青岛五十八中陈瞻老师以《新高考选科走班背景下学生分层管理初探》为题,从政策研究、模式创新、实践探索、效果评价、问题及对策等方面交流了在普高走班背景下学生分层管理的相关研究进展。他认为分层管理和教学的核心是以"学"为中心,根据差异性原则组织教学,满足学生的多元化学习需求。

青岛市天山小学刘敏老师、开发区第二实验小学李磊老师以《"双减"之下,作业之巧变》为题,探讨了高质量作业设计的理念和方法,从基础作业设计、分层作业设计、复习作业设计、综合作业设计、拓展作业设计等方面阐述了他们的研究成果。他们认为让作业散发魅力,焕发思维的灵动之美,孩子们一定会爱上写作业,爱上学习,从而达到减负增效的目的。

习近平总书记强调:"教师不能只做传授书本知识的教书匠,而要成为塑造学生品格、品行、品味的'大先生'。"学校里有许许多多正在成长的生命,每个人都如此不同,每一个都如此重要,全都对未来怀有憧憬和梦想。他们需要被指引、塑造及培养,才能成为更好的自己和有用的公民。市教科院课程中心孙泓老师在作活动总结时向市名班主任工作室全体教师发出倡议:"要共同学做名师,用爱、用智慧、用合作去实现梦想,发挥星火作用,带动更多有共同志向的教师,为青岛教育作贡献,为办人民满意的教育作贡献。"

2. 全国中等职业学校班主任能力大赛专题研讨活动

青岛旅游学校承办了全国中等职业学校班主任能力大赛专题研讨活动,由刘国锋、孟静、孙洪锐、郭淼四个市名班主任工作室组成的"琴岛慧立"中职班主任发展共同体成员代表参加此次活动。青岛市教科院课程中心正高级教师孙泓、名师发展负责人薛新飞及青岛电子学校高级讲师谷立民莅临指导,青岛旅游学校王钰副校长对各位专家和老师的到来表达诚挚的谢意。

本次活动旨在以班主任能力大赛为突破口,以赛促长、以赛促教,深入探讨大赛对班主任专业化成长、建班育人能力提升及高素质技能人才培养的重要意义。

会上,谷立民以《宏观把握,精准备赛》为题,从评委的视角,就班主任大赛的演变、2020年大赛基本情况盘点、各赛项出圈关键点及2021年大赛变化猜想四个方面进行了详细分析。丰富的内容、高屋建瓴的解读既让大家明确了大赛对班主任综合素养的考查要求,也让老师们进一步意识到及时更新教育理念、不断丰富育人智慧、促进自我成长的重要意义。谷老师还从自己多年的班主任工作实践出发,激励老师们努力发现中职生的闪光点,全心全意地为学生们提供温暖且充满智慧的支持。在场老师们深受启发。

青岛旅游学校纪晓桃老师结合自身的心理学专业背景及近期在厦门的大赛专题学习,作了深入的梳理与思考,为大家进行了个性化的展示。她用思维导图呈现的教育故事写作构架让人眼前一亮,大家感动于她的无私分享与用心交流。她展示的优秀班级建设方案也让老师们深深体会到:大赛优秀教师的辉煌背后往往是团队的智慧以及老师们精益求精的不懈追求。她还为老师们介绍了一些班主任工作中需要了解的心理学概念和书籍。她建议班主任们在平日工作中要建立各种良好关系以帮助学生幸福成长。

两位老师交流后,与会老师结合自己的思考提出问题,专家现场耐心解答,老师们热烈讨论,碰撞出许多思维的火花。

分享讨论结束后,孙泓和薛新飞针对本次活动作了精彩点评。两位专家都结合自身的教育实践,对中职一线老师秉承的仁爱之心、敬业精神给予了高度赞扬。他们还对共同体成员扎实的工作态度,无私分享、互学互鉴的良好学习氛围以及对中职德育深入的思考与实践给予了高度的评价,老师们备受鼓舞,深感自豪。

两位专家也提醒各位主持人常怀感恩之心,将自己的收获更好地服务于学生的成长、同伴们的进步及学校的发展。希望名班主任工作室主持人搭建好学习交流的平台,帮助成员们借助专家之力、名师之力、同伴之力,加强理论学习与实践研究,充分发挥育人合力,全面提升班主任的建班育人能力。他们期待名班主任工作室团队能够打造出德育品牌,助力整个青岛市优秀班主任队伍的专业化发展。

活动结束后,谷老师向大家赠送了自己的专著《中职德育心视角》,并签名留念。一下午的活动让老师们收获满满,意犹未尽。大家都很期待后期的学习交流能带来更多的成长。

成员感悟

青岛即墨区第二职业中专　刘欣

作为年轻班主任,我从来没有参加过或者观摩过班主任基本功大赛,这是我第一次这么直观地学习,让我感到很震撼。作为中职的一线教师,我深感自豪,听谷老师展示曾获得一等奖的老师们对于班级建设方案的规划,第一次让我觉得我们中职老师是多么优秀、多么令人钦佩!谷老师有一句话令我很感动:"我们中职的孩子是多么可爱!"她看到了学生身上的闪光点,愿意蹲下来了解他们、理解他们、帮助他们。就像青岛市教科院薛新飞主任说的:"教师必须学会共情。"要真的站在学生的角度考虑问题,要站在学生的角度理解他们、帮助他们。苏霍姆林斯基说:"要让真理和信任在学校里占据统治地位。要让在学校里所说的每一句话都结出果实。"让我们学会"把自己的耳朵放到别人的灵魂中，用心去聆听那里最急切的喃喃私语"！

青岛工贸职业学校　李敦军

今天和四位同事一起参加的专题学习使我意识到自己作为校名班主任工作室主持人的责任。首先，我要搭建一个供老师们学习的平台，带领大家多参加高水平的研讨活动，提升我们的工作理论水平和实践能力。其次，我们应该积极组织老师们参加比赛，"以赛促长，以赛促教"，通过参加比赛全面提升学校班主任德育管理的水平。此外，我们要关注班主任培养的梯队建设，让每个年龄段的老师充分发挥自己的特点和优势，为学校的长远发展助力。

青岛旅游学校　侯素芬

今天的会议秉持着我们工作室一贯的扎实严谨的作风，继续呈现精彩纷呈的教学内容。谷老师作为专家，高屋建瓴的政策理论、经验丰富的实战"宝典"之优秀自不必赘言；工作室小桃老师精益求精的工作作风和细致扎实的汇报让我们眼前一亮。共同体的联合会议，形成了越发强大的磁场效应。借用孙泓老师说的话，"可以精准完美地表达这种感觉——借名师之力，助同伴之力"。的确如此，我们正是在结伴同行中相互受益，携手前行。好的共同体，一定会带动所有参与其中的成员，去拥有期待的勇气、探索的执着。愿我们保持热爱，共赴山海。

青岛外事服务学校　栾成梅

工作室的每次研讨总是能让自己有所触动，此次谷立民老师和纪晓桃老师对于班主任能力大赛的解读，让我们深谙"以赛促长，以赛促教"的真正内涵，让我们在做事情的过程中不断成长、不断探索教育的真谛。回想起自己参加教师教学能力大赛的点点滴滴，一路走来，有"破茧"的艰辛和痛苦，也有"成蝶"的笃定和成长。仅是教学层面便是如此，班主任工作更是方方面面的细致入微，就像孙泓老师所说的学生例子，让我深刻感受到老师尤其是班主任不经意的一句话、一个动作，带给学生的或许就是一生的改变。遇到好老师，是学生一生的幸运。

教育是一门艺术，需要用心去经营，它不是居高临下的训导，更多的是一种人文情怀的滋养，是一种不事张扬的心灵沟通。倾听、触及灵魂的深处，美德唤醒美德，自我激发自我，这是帮助心灵成长的最高的教育法则。我希望不断积累教育的智慧，发挥它无限的潜能，让巨大的教育力量无限涌动。

（三）名家讲座

2021年8月25日，工作室邀请了天津海河中学老师、全国优秀班主任、正高级教师王树青给大家作《名班主任的成长之路》讲座，王老师结合自己的亲身经历，跟大家进行了广泛而深入的交流。王老师指出，班主任的工作虽平凡，却能对学生的一生产生极其重大而深远的影响。王老师的讲座对大家产生了很大的影响，大家收获满满。

四、教科研活动

（一）教科研活动计划

1. 国家教育政策学习

认真学习教育部、中宣部、中央文明办、人力资源和社会保障部、共青团中央、全国妇联《关于加强和改进中等职业学校学生思想道德教育的意见》，学习教育部、人力资源和社会保障部《关于加强中等职业学校班主任工作的意见》和山东省《关于印发〈山东省中小学生德育综合改革行动计划〔2015—2020年〕〉的通知》，集体研讨，针对本市职业教育发展的德育要求提出班主任班级管理及德育工作的改革意见。

2. 研读经典著作

系统学习理论，研读经典著作，组织读书沙龙，探讨先进德育思想和班主任工作专业化成长路径。

3. 聆听专家讲座

邀请教育专家就职业教育德育综合改革主题开展学术讲座，工作室成员聆听专家专题报告，并经常参加学术会议，拓展教育视野，提升专业理论水平。

4. 组织教育考察

组织工作室成员到省内外名校、知名企业进行考察学习，学习先进的德育工作管理经验，推动学校德育工作与社会经济发展需求和市场规律相适应。

5. 开展课题研究

针对工作室确定的核心课题及工作室成员各自立项的课题，按计划展开研究，并组织专家论证。

6. 开展帮扶活动

承办对外开放日活动,推广班主任工作经验和研究成果,指导区域学校班主任工作,帮扶农村薄弱学校的德育工作。

7. 分享研修经验

组织专题论坛,工作室各成员以科研报告、成果展示、论坛交流、现场展示等形式进行成果分享,研讨解决成员学校班主任班级管理及德育工作的共性和个性的发展问题。

8. 加强宣传引领

运用学校网站、微信公众号等平台加强宣传,让各校及时全面了解工作室的工作动态、成员的研究成果及成员学校的典型经验,打造高效的对话和交流展示平台。

9. 完善档案管理

完善工作室成员档案,记录工作室成员专业成长的足迹。

(二)活动安排

2021 年 6 月,组织研讨 2021 年工作室研修计划,交流工作室的工作重点和举措,以及各成员 2021 年研修计划。2021 年 7 月,组织工作室成员进行德育改革政策解读和班主任班级管理工作的专业培训。2021 年 8 月,工作室主持人就"班主任工作及德育综合改革"主题开展讲座,工作室成员参与交流。2021 年 9 月,开展工作室成员帮扶活动。2021 年 10 月,主持人举行家长大课堂讲座。2021 年 10 月,开展工作室成员帮扶活动。2021 年 11 月,组织工作室成员对省市职教学会重点课题进行研究。2021 年 11 月,开展工作室成员帮扶活动。2021 年 12 月,工作室成员针对"班主任工作案例"进行研讨解读,并以此改进班主任工作思路和方法。2021 年 12 月,开展工作室成员帮扶活动。

第二节
孙洪锐名班主任工作室
活动过程及总结反思

一、活动一:启智润心　增慧立德

为加强名班主任工作室建设,促进工作室之间的经验交流,充分发挥班主任在学校德育管理中的作用,2021年4月16日,孙洪锐名班主任工作室在平度师范学校开展系列活动。青岛市教科院名班主任工作室管理负责人孙泓老师、青岛市中小学课题研究管理负责人刘永洁老师莅临指导,刘国锋、孟静、郭淼、孙洪锐等四个名班主任工作室全体成员参会。

4月16日上午,启动仪式于平度师范学校会议室开展,由王启龙副校长主持。《疫情背景下家校共育提升中职生心理健康水平策略的研究》入选2020年度青岛市教育科学"十三五"规划教师专项课题。刘永洁老师宣读了课题立项通知书,工作室张洪敏老师代表课题组作了开题报告,两位专家对开题报告进行了指导。

孙泓老师指出,孙洪锐名班主任工作室自成立以来,对中职学生德育管理一直站在高处,走在前列。2020年申报的市规划课题成功立项,是工作室和孙洪锐老师认真努力的初步成果。本课题的选题落脚点很好,在疫情背景下研究学生心理状况的工作很及时、很准确。课题组成员组织有序、分工明确,有利于课题研究的顺利开展。孙泓老师结合自身的科研经历提出,课题研究要立足本职工作,推动教育教学工作的进展,不要为了科研而科研。

此外,孙泓老师也客观地指出了课题研究内容过于宽泛,需要细化、系统化、条理化,研究方法要落到实处。这给课题组的后续研究带来很大启发。

刘永洁老师站在教育科研管理者的角度对开题报告提出了许多中肯的建议。她指出，课题题目一定要明晰，简洁明了、一目了然的题目才是好题目；具体的策略要贯穿课题的始终；问题研究的意识导向要清晰，避免先天不足的现象；研究点要具备可操作性，具备推广价值；研究内容、方法要相互呼应；整个课题的研究过程应是一个有序的过程，有规划、有目标、有结果，及时调整课题内容的可行性，最终形成一个可复制的结果，做到落地开花。

同时，刘永洁老师对开题报告进行了案例式点评，从题目、文献综述、研究内容和方法等层面进行深入剖析，课题组和工作室全体成员收获颇丰。科研队伍的新兵们在刘老师的耐心讲解下明确了研究思路和路径。课题主持人孙洪锐对两位专家的点评表示感谢，表示将根据专家意见进行必要的更改，切实推动课题研究。

随后，刘奎华老师代表工作室，将孙洪锐名班主任工作室两年以来的工作成果进行汇报，并展示工作室成员三年工作计划的制订和完成情况，分享工作室成立以来各成员通过学习、合作和努力取得的优异成绩。汇报结束后，孙洪锐老师就工作室的工作部署、规划、考核以及主持人的班主任工作情况进行了汇报，充分展现了工作室主持人和领路人的魅力。

课题开题报告会结束后，两位专家参观了孙洪锐名班主任工作室，对成员成长档案、工作室文化建设进行指导。

下午，由刘国锋、孟静、郭淼、孙洪锐四个名班主任工作室组成的中职班主任共同体在青岛市中小学培训中心联合举行了一次精彩的报告分享会，工作室全体成员和平度师范学校全体班主任来到现场聆听报告，王启龙副校长主持。

青岛旅游学校郭淼老师带来的专题讲座《家校一致性沟通助力学生成长》让既是老师又是家长的我们深受启发和感染。郭老师给我们带来了一股清风，更新了理念，更让我们意识到终身学习的重要性和必要性。

青岛外事学校孟静老师就"班主任能力赛项解读与思考"主题给我们带来了一场干货满满的讲座，从赛前到赛后，从所得到所思再到所悟，孟静老师毫无保留的经验分享和拼搏向上的进取精神赢得了参会人员的热烈掌声。

群雁高飞头雁带。名班主任们深入浅出、鞭辟入里的经验分享，为其他班主任排忧解惑，为青年教师树立了教育榜样，拓宽了与会人员的德育工作思路，充分实现了名班主任工作室帮、扶、带的引领作用。本次讲座活动的开展有必要、很及时、有成效,得到了与会班主任的一致好评,每一位工作室成员都在其中得到了历练和成长!

二、活动二:采撷教育智慧 助力学生成长

经过五个月的精心筹划和准备,2021 年 6 月 22 日,"琴岛慧立"中职班主任发展共同体启动仪式在青岛旅游学校正式举行。

2020 年 10 月,孙泓老师带领四位主持人申报了山东省教育教学研究课题《以提升班主任能力为导向的中职班主任发展共同体的构建与研究》,课题组力图通过探索研究,搭建一个适用于中职班主任交流、学习、研讨的平台,促进中职班主任能力整体提升。建立"琴岛慧立"中职班主任发展共同体是课题组的一个重要的阶段任务。

2021 山东省教育教学研究课题暨"琴岛慧立"中职班主任发展共同体研讨会得到了青岛旅游学校的鼎力支持。会议由该校青岛名班主任工作室主持人郭淼老师主持。王钰校长首先致辞,结合实例阐述了班主任的重要性,肯定了郭淼名班主任工作室在青岛旅游学校教育工作中发挥的作用及其影响力。

刘国锋老师向参会成员详细介绍了"琴岛慧立"共同体名称的由来、创建理念以及 Logo 图案的含义。"琴岛"是青岛别称,"慧立"是指用智慧来润泽学生心灵,实现立德树人的育人功效。

Logo 图案由青岛旅游学校学生设计,每一笔每一画都有深意,将"慧"字融入青岛的山水之中,既彰显了青岛这座海滨城市的魅力,又包含着学生对职业教育行业和班主任岗位的敬仰,可谓匠心独运。

"研讨主题班会"是这次活动的重心。设计主题班会是班主任能力大赛的必选项目,这对培养青年班主任的班会设计能力意义深远。主题班会采用"同课异构"的方式,以"规则"为主题,让老师开放思维自由解读。五位老师交流了他们的设计。

张洪敏老师的教学设计《黄金定律—规则》按照"识规则—懂规则—定规则—守规则"的思路娓娓道来,在层层递进中让学生树立规则意识。

张媛媛老师的教学设计《树立良好的规则意识,规范自己的行为举止》,采用游戏的形式来组织课堂活动,让学生在轻松愉悦的氛围中充分认识到什么是规则,怎样对待规则,循序渐进阐明规则的重要性。

王哲老师将比赛贯穿教学设计《知规矩 讲规矩》的整个过程,设计思路清晰,通过丰富的活动让学生实现"自主—自律—他律—主动探究"的过程转化。

王玲老师的教学设计《心中有规则,行为守规范》采用了辩论的形式,让学生在论辩中明晰观点,深刻把握规则的重要意义。举例贴近生活,学生喜闻乐见。

高建霞老师的教学设计《我和规则有个约定》让人耳目一新,设计紧扣数控专业特点和学生现状,从学生都爱玩的游戏入手,贴近生活,特别容易引发学生的情感共鸣,吸引其主动参与课堂活动。

全国班主任比赛一等奖获得者陈瑞芳对五位老师的说课进行了点评。她认为五位老师都巧妙运用了视频、故事、游戏等形式,引导学生参与,做到了集趣味性、知识性、思政性于一身,加以时代性、教育性,真正实现了班主任主导、以学生为主体的优秀班会效果。围绕"规则"这个主题,她建议老师可以按照"规则是什么""为什么遵守规则""怎样遵守规则"的思路,结合主题班会所涉及的年级特点和专业特点进行设计,最终把重点落实到"怎样遵守规则",目的在于让学生从小事做起,成为一个自律的人。

青岛名班主任工作室主持人刘桂美、王爱玲也对五位老师的班会设计进行了点评:"同课异构给说课班主任提供了一个开放的研究视角,引导参与者进行思维碰撞,长善救失,取长补短,能促进老师的快速成长。班主任必须具备驾驭主题班会的能力,要善于借助班会,向学生传递是非观、正能量,引导学生健康成长。"

三位专家高屋建瓴,点评鞭辟入里,言近旨远,将活动推向高潮。

为了进一步帮老师理清说课思路,厘清重难点,青岛名班主任工作室主持人孟静作了题为《做班会阵地的指挥者》的主题班会设计讲座。

作为全国班主任基本功比赛一等奖获得者,孟老师亲历赛场,对比赛有着深刻的认知。她深入浅出地向大家讲述了主题班会的内涵定义、环节设计有效技巧等。孟老师的"营养大餐",让从来没参加过班主任能力大赛的老师们如获至宝。

最后,课题主持人孙泓重申"琴岛慧立"中职班主任发展共同体的责任和使命,并对与会班主任提出期望:职业教育可以让千家万户的孩子改变命运,让学生懂规则守规则,就是对学生的负责,对学生的爱。职校的班主任都是充满爱的班主任，一颗落地生根并且开花的小植物，只有在爱的润泽下才能茁壮成长。孙老师还希望大家能够依托共同体这个平台，群策群力，抱团发展，共同助推青岛职业教育的发展！

研讨会结束后，很多老师意犹未尽，畅谈心得感悟，纷纷表示这次活动收获满满颇有意义，除了明确主题班会的设计思路、方法和注意事项，还对"琴岛慧立"中职班主任发展共同体有了全新的认知和期待。

张洪敏老师说出了自己的肺腑之言："在准备说课的过程中我有很多困惑，感觉无从下手。但在听完几位同仁的交流和专家点评，特别是孟静老师的专题讲座后，我茅塞顿开。感谢共同体这个平台给我提供了绝好的学习机会！"

王哲老师对参加活动激动不已："研讨会干货满满，众多优秀教师的说课发言及点评，尤其是孟静老师的讲座，使我明确了设计主题班会的基本思路，掌握了一些设计技巧，今后工作中我会以这些优秀的老师为榜样，争取做一名优秀的班主任。"

在聆听老师的说课和专家的点评之后，李梅老师也深有感悟："作为工作室的一员，我有幸参加了'琴岛慧立'中职班主任发展共同体研讨会，这次活动让大家看到了四位主持人高瞻远瞩做研究、脚踏实地做教育的初心……我们将积极吸收'琴岛慧立'中职班主任共同体的智慧结晶，努力提高自己的班主任工作水平。"

辛晓梦老师认为，中职班主任发展共同体的理念和使命让自己备受启发和鼓舞，五位教师风格各异的班会设计，让我们看到诸位老师严谨认真的工作态度。孟静老师的主题报告，详细而富有新意，让大家对于班会设计有了更加系统的认知。

参与课题的名班主任工作室主持人孙洪锐老师也认为自己在此次活动中受益匪浅。他表示："五场关于'规则'的班会课说课目标明确，思路清晰，同课异构，让我更深刻地感受到要实现学生'从他律到自律'的目标，最重要的是怎么做的问题。同时，正如《说文解字》中说的一样，教者，'上所施，下所效也'；育者，'养子使作善也'。在讲求规则的同时，班主任也要守规则，给学生做好榜样。孟静老师的讲座内容翔实，见解独到深刻，实用性强，给人醍醐灌顶的感觉。简而言之，这次研讨会意义深远，使人收获颇丰，对于促进中职班主任发展共同体的建设以及课题研究具有重要作用。"

这次研讨会凝聚了成员思想，实现了同频共振。作为主持人的郭淼老师更是言真意切地道出了对这次研讨会的理解："本次课题研讨以主题班会说课的方式，聚焦中职班主任工作中学生规则意识培养、遵规守纪行为养成等难点问题，深入探讨班主任工作中的育人智慧。共同体成员的积极参与碰撞出许多思维的火花，大家的学习和研究热情被进一步点燃，为班主任专业化成长与中职班主任发展共同体的构建和研究作出了有益的探索。众行致远，慧师立人，期待班主任团队的协同发展能让我们的德育更有温度、更富智慧、更有魅力，更好地助力学生的成长。"

"能用众力，则无敌于天下矣；能用众智，则无畏于圣人矣。""琴岛慧立"中职班主任发展共同体采撷众人智慧和才华，互学互鉴，共建共享，以期为诸多热爱职教、深耕职教的班主任打造一个交流、学习、研讨的窗口和平台，全面提升中职班主任的各方面能力，为学生的健康发展保驾护航，为青岛的职业教育多添一道彩虹、一缕阳光！

三、活动三：经验交流促发展　分享感悟助成长

为了加强中职班主任的团队合作，青岛中职首批十个名班主任工作室主持人合力打造了"琴岛慧立"中职班主任发展共同体。这是中职班主任共建共享、互学互鉴、共生共长的阵地，是发掘团队优秀教师资源，交流育人经验的舞台，也是广邀名师名家传授前沿教育理念、分享优质教育资源的平台。

2021年8月4日，"琴岛慧立"共同体举行了十个工作室86名成员参加的首次线上交流活动。本次活动由王爱玲名班主任工作室主办，青岛市教科院孙泓老师和薛新飞老师全程参加本次活动，"琴岛慧立"中职班主任发展共同体的发起人之一、平度职教中心刘国锋老师主持会议。

首先，孙泓老师对"琴岛慧立"中职班主任发展共同体的成立表示祝贺，对本次活动的举办表示赞赏，也对共同体今后的发展充满期待。孙老师的谆谆教诲让所有参会老师备受鼓舞。

接下来，青岛市名班主任工作室主持人王爱玲和工作室成员王晓丽、李文毅分享了他们的成长经历和建班育人的工作经验。

王爱玲是正高级讲师、山东省特级教师、青岛名师，她现身说法作了题为《心怀敬畏　追求卓越》的分享，从牢记教育初心、课堂教学的实践者、教学研究的探索者、学生成长的引路人、团队合作的追随者五个方面谈了她的成长故

事。从她的讲述中,我们领略了名师风采,感受到了她对学生、对教育、对生活的热爱与执着,感受到了她甘于奉献、乐于学习、善于引领的精神。她的教育情怀为广大青年教师树立了榜样。

王晓丽是青岛市最美班主任、青岛市家庭教育讲师团讲师,她带来的讲座《班级中"非独"家庭学生的教育现状与对策》不仅给出了应对棘手问题的策略,而且为班主任提供了一个将工作实践与教育教学研究相结合的范例。王老师在家庭教育指导方面的深入研究让我们感受到她对学生深沉的爱,证明了只有家校联手,我们的教育才能取得事半功倍的效果。

李文毅一直是学校"学生最喜爱的教师",她所带的班级正如她本人一样年轻、有朝气、有活力、有特色、受欢迎。她带来的分享《想你所想,陪伴成长》令人耳目一新,她"融入、助力、陪伴"的带班模式让人感到温暖而有厚度。

一个个真实鲜活的典型案例,一条条切实可行的工作经验,让参会的老师不禁赞叹:"分享的全是干货!"会后,老师们在"琴岛慧立"中职班主任发展共同体微信群里纷纷发来了自己的感悟。

平度职教中心　刘国锋

名师都是有故事的人,用心、用情、用功是故事出彩的根本,三位老师的经验分享,有一个共同特点:都有善于发现的眼睛,善于发现教学中、家长中、班级中的问题,善于分析、解决问题,善于总结反思。他们的成功告诉我们,人生只有走出来的精彩,没有等出来的辉煌,昔日我们洒下多少汗水,明天就会有多少收获!成功的感觉是世界上最美的享受,带着智者的经验前行,我们的故事也会一样精彩!

青岛旅游学校　张爱丽

昨晚参加的"琴岛慧立"中职班主任发展共同体的分享活动,像一面凸透镜,聚焦呈现了三位优秀教师的教育教学智慧;也像一面凹透镜,使我反思自身,力求向三位老师学习为师之道,以期更上一层楼。

王爱玲老师从课堂教学、教学研究、学生成长和团队合作四个方面娓娓道来,使人印象深刻,收获颇丰。详细描述自身专业化成长的过程,既能鼓励新教师安心教育教学,又能对中青年教师展示成才之道。勤奋、专注、专业化成长和善于反思是王老师的分享给我的最大的收获。

王晓丽老师对"非独"学生的关注,令我深有感触。作为高龄二胎妈妈,我深感在"非独"家庭教育中,家长需要瞻"前"顾"后",王老师从教育实践中敏锐地抓住了具有现实意义的话题,并进行了调查研究,让人深感敬佩。

李老师从融入、助力、陪伴三方面展现了优秀班主任的爱心和智慧,人人有特长,人人有事做,避免中职学生空心发展,做学生的引路人。

感谢教科院孙泓老师、薛新飞老师及各位名班主任为一线班主任提供了这样难得的学习机会,和优秀的人在一起,我们会更优秀!

青岛外事学校　郭洁

感谢"琴岛慧立"中职班主任发展共同体,让我有幸聆听了精彩纷呈的讲座,有机会和各位同仁共同探讨与学习班主任对于家庭教育、班级管理等方面的经验和有效方法。两个多小时的学习,让我受益匪浅。三位老师通过大量的工作案例,从班主任角度给我们提供了指导,教会我们作为班主任要如何融入学生,怎样学会借力,如何有效开展家校沟通,怎样做好学生的引路人。虽然班主任的个人力量有限,但只要用心,总能帮到不少孩子,进而改变孩子的人生。像孙泓老师说的那样,每位班主任老师都带着四五十个学生,如果我们名班主任工作室的每位成员都有所改变,总计会有四五千学生受益!我一定会珍惜共同体这个难得的学习平台,感恩各位主持人的引领指导,感恩各位同伴的携手并进,用心、用情、用功做好中职班主任这份工作,在未来遇到更好的自己。

青岛艺术学校　胡秀娟

非常感谢工作室给我们提供如此接地气的线上沟通和交流的机会。听了三位老师的精彩发言,我感触很深。王爱玲老师孜孜以求,从入职的那一天起,不忘初心,始终将根基扎在课堂。每次的成功都是她付出努力和探索实践的最好回报。作为教学研究的探索者,她勤于总结工作中遇到的问题,善于反思,并将其写成论文发表,作为课题来研究,同时编写了大量教材,将教研融入自己工作的每一个细微之处。班级管理中,她争做学生成长的引路人,培养学生的责任意识,让学生做一个热爱生命的人。王老师教学、管理共同进步,这是我们每一个班主任需要争取达到的最高境界。

王晓丽老师分享的《班级中"非独"家庭学生的教育现状及对策》全是干货。王老师非常注重家庭教育的指导。她从自身的经历入手,通过一个个鲜活的教育案例,给我们明晰了如何与家长进行沟通和交流,完成对学生的教育引导,尤其是"非独"家庭的教育指导。从工作实际出发,非常实用。

　　李老师的《想你所想,陪伴成长》从融入、助力、陪伴三个方面入手,娓娓道来。李老师充分尊重当下学生的特点,具体问题具体解决。比如手机问题,她征求学生意见,并通过辩论赛的方式,让学生制定手机管理办法并予以落实。李老师以学生为本,帮助学生挖掘潜能,给学生搭建成长的平台,让学生获得成就感、荣誉感、幸福感。

　　再次感谢三位老师的倾情奉献,我们会汲取丰富的养料,结合自己的教育教学,努力争做合格的优秀的班主任,一切为了学生的成长。

四、活动四:感悟名家风范　促进专业成长

　　炎炎暑期,由青岛市十个名班主任工作室主持人合力举行的"琴岛慧立"中职班主任发展共同体线上交流活动开展得如火如荼。团队成员热情高涨,大家在这里分享优质的教育教学资源,聆听名家名师先进的教育教学理念,交流成功的育人工作经验,畅谈自己的学习感悟,互学互鉴,共生共长。

　　2021年8月13日,"琴岛慧立"中职班主任发展共同体举行了暑期第二次线上交流活动。本次活动由刘国锋名班主任工作室主办,活动特别邀请了青岛市教科院胡修江老师作了题为《从班主任能力比赛看班主任专业成长》的专题报告,青岛市教科院孙泓老师参加了本次活动。

　　胡修江是青岛市中职语文教研员、中国职教学会通识文化课研究中心副主任委员、首届《中国教育报》十大读书人物,还是中职语文国规教材编者,人教社、高教社特聘讲课专家、专栏作家。胡老师学识渊博,博古通今,引经据典,从自己当班主任的切身体会谈起,将学科教学与班级管理融为一体,从班主任的来历、能力和成长三个方面作了具体的阐述。

　　胡老师首先从孔子的教育理念谈起,一直谈到中国的近现代教育,为我们普及了班主任这一称谓的历史来源。

　　接着,胡老师从语文学科教学的视角,结合具体教学案例,为我们解读了班主任应该具备的八个基本能力——学科教育能力、班级管理能力、言传身教能力、基本的心理咨询能力、班级文化建设能力、社团建设能力、活动策划能力和家校沟通能力,进而结合职业学校学生特点和中职班主任工作实际,提出职业学校班主任应具备的特殊能力,以及新时代中职学校班主任应该具有的最新能力。胡老师的讲解深入浅出,通俗易懂。胡老师有句话说得非常经典:"一名优秀的学科教师,不一定能成为优秀的班主任,但是一名优秀的班主任,一定会

是一名优秀的学科教师。"这就要求我们班主任要有较高的学科素养,在学科教学过程中渗透课程思政,铸魂育人,做好学生成长的引路人。

为了进一步提高班主任的教育视野,胡老师结合具体的案例详细解读了2021年全国中职班主任能力大赛的各项具体要求。

随后,胡老师从强化思政教育能力、提升活动组织能力和优化规划管理能力三个方面对班主任专业化成长提出了具体的要求。

临近尾声,主持人刘国锋老师用《礼记·学记》里的一句话作总结:"君子既知教之所由兴,又知教之所由废,然后可以为人师也。"教学如此,当班主任也如此,我们要在工作中学会反思,在反思中不断提升自己,做一名研究型、反思型班主任。

一如既往支持共同体发展的孙泓老师对胡老师给予了高度评价,她鞭辟入里地指出:"胡老师之所以非常优秀,是因为他是一个特别爱读书、爱学习的人。"最后她用诙谐幽默的话语把气氛推向高潮:"胡老师是我特别敬佩的老师,我是忠实的'胡粉'!"孙老师的话引来了众多班主任的共鸣,大家纷纷表示自己也是铁杆的"胡粉"。

胡老师的报告高屋建瓴,精彩纷呈,让很多成员深有感触。报告结束后,大家抑制不住心中的激动,畅谈心得,当晚就有二十五位教师写下了感悟,字里行间充满了对胡老师学识的仰慕和对其人品的敬重,并对共同体提供的交流平台表示感谢。以下我们节选了部分分享。

青岛城市管理职业学校　李玉磊

"琴岛慧立"中职班主任发展共同体第二次线上活动,在夏日微凉的夜色中热烈地拉开帷幕。教科院胡修江老师为共同体所有成员作了题为《从班主任能力比赛看班主任专业成长》的报告。胡老师从班主任一词的由来和发展谈起,深入讲述了班主任应该具备的基本能力和职校班主任要具备的特殊能力,并以实际案例对班主任能力比赛作了详细说明,胡老师以其深厚的文学功底为我们娓娓道来。"优秀的班主任首先是一个优秀的学科教师,教育是渗透式的,养育性的""家庭教育和职业教育是托底的教育""把中职失落的世界找回来"……这些话字字珠玑、句句箴言,让作为班主任的我感同身受。

感谢共同体为班主任成长搭建的平台,感谢胡老师无私的分享。名师的成长中学、研、践三者密不可分,只要不忘初心、砥砺前行,追随名师的脚步,就会不断发现自己,丰富自己,成就自己,从而成长为名师大家。

胶州市职业教育中心学校 刘国栋

今天聆听了教科院胡修江老师《从班主任能力比赛看班主任专业成长》的讲座，收获颇丰，也倍感压力。胡老师的讲座深入浅出，通俗易懂，为我们展现了一幅班主任成长的画卷。胡老师认为班主任工作是渗透到每一天、每一个环节、每一个细节的工作，不能一劳永逸，我很有感触。在自己从事班主任工作的十六年中，每届学生工作无不需要细心耐心，尤其是现在担任青岛市刘国栋名班主任工作室主持人，我觉得更应该把这种俯身耕耘的态度传递给工作室每一位成员，把班主任工作做细做实。胡老师又通过班主任历史发展、班主任要具备的基本能力、班主任能力比赛等角度阐述了多维度发展对班主任成长的重要性，告诉我们应通过业务能力的提升来夯实自己，把班主任工作做得更加专业。

感谢中职班主任发展共同体带来了胡老师的讲座，感谢国锋姐的支持和孙泓老师的精彩点评，让我及我的工作室成员可以在假期里充电、学习，谢谢！

青岛财经职业学校 马红燕

胡修江老师以《从班主任能力比赛看班主任的专业成长》为题，谈古论今，引经据典，让我再次深刻领悟了班主任的职责。

我认为一名优秀的班主任就应该是一名全能型人才。班主任不是作家，但要写计划、作总结、制定班规条例；不是警察，但要能随时处理学生打架、失窃等事件；不是艺术家，但要会组织学生参加各种文体比赛、活动；班主任不是妈妈，但要对孩子们时时嘘寒问暖，特别是对离家求学的住宿生们；不是心理医生，但要随时掌握孩子们的心理变化和思想动态，及时疏导心理问题……数不胜数的工作和职责都是班主任一肩扛着，因此，班主任工作是一门值得我一生探索的科学，也是一门值得我一生追求的艺术。

莱西市机械工程学校 刘奎华

胡老师从自己做班主任的经历谈起，讲到了班主任的由来、班主任的职责与能力、中职班主任应具备的特殊能力、新时代中职班主任应具备的最新能力以及大赛对班主任素质能力的检验，引经据典、旁征博引，让我感受到作为一名工作室成员的骄傲、自豪以及压力和挑战！我清晰地看到了自己与一名从教二十六年，担任班主任工作二十二年的老班主任、优秀班主任的差距，深感将班主任工作"碎片化"变为"系统性"的重要性！感谢胡老师的鼓励与引导！感谢"琴岛慧立"中职班主任发展共同体提供的暑期充电学习平台！我将一如既往，坚守初心，做一名阳光、有爱、有温度的班主任！

青岛西海岸新区高级职业技术学校　王桂刚

想找几句优美又富有诗意的文字来表达我对班主任工作的认识与理解,可思来想去、绞尽脑汁也没能想到。胡老师却能信手拈来,我相信除了因为他从事语文教学外,更多的在于其个人积累。正如胡老师所言,"要做一名优秀的班主任,首先要成为一名优秀的学科教师",拥有渊博的知识,怎么能不让学生信任和爱戴呢。做一个有智慧的人,让学生因我们而受益,因我们而更有动力和追求,三年后、五年后,他们始终因我们而骄傲,我们也必会因为他们而自豪!让我反思的是:无论是为了班主任大赛还是为了一份班主任职责,之前说人才培养感觉有点高大上,殊不知自己都没有给自己更多的自信和勇气,畏首畏尾、犹豫不决,又怎么能把孩子们带向一个更高的远方呢!

教育是一个育人育心的系统工程,新的时代需要班主任有新的理念、新的视野、新的格局,高站位高标准地引导学生度过"拔节孕穗期",帮助他们"扣好人生第一粒扣子"。但是"要给学生一杯水,老师要有一桶水",我们必须不断地读书学习,不断地成长,相信有了胡老师、孙老师这些笃志好学的前辈来指引,我们也会变得更加优秀更加出彩!相信"琴岛慧立"中职班主任发展共同体也会提供更多更优质的资源帮助更多班主任学有所获,干有所成!

五、活动五:教育"心"交流　师慧共分享

2021年9月28日,"琴岛慧立"中职班主任发展共同体成员召开了在线研讨会议。本次会议由郭淼名班主任工作室承办,郭淼、栾成梅、张爱丽三位老师分别从家校沟通、班级安全依恋、学生职业规划三个角度进行了专题交流。

首先,由工作室主持人郭淼老师以《关键事件与关键对话——新生入学中的家校沟通》为题,作了省课题研究专题分享。郭老师从新生入学"宿舍风波"故事着手,结合班主任工作的五大职责,凸显学生思想工作的复杂性,强调家校沟通的重要性。在问题的处理中,郭老师以真诚友善的态度,积极运用关键对话策略,明确家校共同目标,营造安全氛围,开展系列对话,鼓励学生勇于尝试。通过"舍友,你好"宿舍破冰活动、《活着》读书交流会等班级活动以及宿管老师及同事们的助力,郭老师化危机为教育契机,成功消除新生及家长的焦虑与不安,赢得家长与学生的信任与赞扬,有效实现家校共育。

之后,工作室成员栾成梅老师带来了《建立安全依恋,成就教育自然中和》的专题研讨。从栾老师给学生准备的物质和精神的大餐中,我们体会到她对学

生爱得细致入微。从她与家长的交流中,我们发现她关注的不仅仅是学生在校的喜怒哀乐,还有家庭教育氛围及学生的可持续发展。从"一生一日记"的笔记本记录到微信时代的交流,栾老师对教育的用心与慧心可见一斑,令人感动与敬佩。

张爱丽老师分享的是《借力职业生涯规划,激发学生内驱力》。张老师以其从教二十三年的思考与大量的具体实例阐明了如何从每个学生的实际出发,看到差异,做好职业规划。张老师坚持"每生一策",她从职业发展的角度,通过与学生的问题讨论,引导和帮助学生理解校规的重要性,养成良好习惯。张老师相信,良好的师生关系需要"爱"与"责任"作为黏合剂,要相信共情的力量、重视集体的力量。

最后,教科院孙泓老师进行了精彩的点评。孙泓老师高度肯定了老师们的辛勤付出与优秀表现,再一次表达了自己的感动和感谢——感动于职教老师们的不懈努力,感谢中职班主任发展共同体的示范与辐射。孙老师的八页笔记,让所有老师震撼,她的用心引领与倾心陪伴是对共同体成员的最好激励。共同体刘国锋老师梳理了三位老师分享的亮点,指出建立共同体的初衷在于在思想的生发与思维的碰撞中,实现共同成长与进步。她真诚地希望有更多热爱职业教育的老师们,能够踊跃地参与到班主任能力提升的研究中,从而更好地发挥共同体的作用,成就彼此的优秀,成就学生的精彩未来。

六、活动六:精准剖析谋发展 无私分享共成长

紧张忙碌的一周终于在周末来临之前画上了句号,我们期待多日的"琴岛慧立"中职班主任发展共同体在线研讨会在 2021 年 11 月 19 日这个美好的夜晚如约举行。本次研讨会由刘桂美名班主任工作室承办,主持人刘桂美、成员李芳芳和丁俐三位老师分别进行学习分享和专题研讨,参加研讨的还有来自青岛市各中职名班主任工作室的六十名班主任。

青岛旅游学校的名班主任工作室主持人郭淼老师为大家介绍了刘桂美老师的不俗成绩:作为一名"80 后"青年教师,刘桂美老师用她在德育研究、个人大赛、教书育人等各方面的累累硕果,诠释了一位"青年才俊"的成长史。

青岛西海岸新区职业中等专业学校的刘桂美老师首先为我们进行了题为《走向规范科学的课题研究》的学习经验分享。课题研究是教师专业成长的需要,既有助于教师解决实际问题,又有助于教师自身素质的提高。刘桂美老师

从教育研究方法的分类到实践研究的分类,从如何选题到设计研究方案,进行了细致全面的讲解,最后她把自己在课题研究过程中的实际申报书案例进行展示,毫无保留地分享给大家,为广大教师尤其是青年班主任的快速成长与进步送来宝贵的经验财富。

青岛西海岸新区中德应用技术学校的李芳芳老师作了《中职生常见心理问题解析与对策》专题报告。李老师是一名学前教育专业的教师,从事一线班主任工作多年,具有丰富的心理学实践教学和研究经验。她结合自己班级学生的具体案例,与我们分享中职生常见心理问题的解析及对策,让大家对学生的心理状态有了更深的了解。她对中职学生心理问题的真知灼见,既有理论高度,又贴合实际,引起了广大老师的共鸣,激励了大家在今后的工作中要更加用心地去呵护学生。

青岛西海岸新区中等专业学校的丁俐老师进行了《活动育人,教育无痕——班级活动体会分享》专题研讨。作为一名年轻教师,她勤学、上进,用心执教,她的成绩也给广大年轻班主任极大的鼓舞。丁老师通过学校里耳熟能详的一些活动,施以她个人的创新方式,让班级学生积极参与其中,让活动开展得别开生面,使活动价值发挥得淋漓尽致,真正达到了活动育人的目的,为广大班主任在今后的德育教育中增添了极大信心。

不知不觉,两个小时的研讨交流会已接近尾声,大家都意犹未尽。最后,青岛旅游学校郭淼老师为三位老师的精彩报告作出了精准、全面的评价,同时也向参会班主任老师表达了期望。郭老师说:"感谢老师们的无私,也希望老师们抱团取暖共同进步,不断完善自我,希望'琴岛慧立'的平台能为每一位优秀的青年教师打开一扇窗子……愿我们在班主任成长之路上抱团发展、坚持学习、善于研究、精于总结,努力提高中职班主任管理水平,争做一名受学生欢迎、让家长放心的快乐的班主任!"

成员感悟

刘老师以《走向规范科学的课题研究》为题对如何选题并设计研究方案进行了深入浅出的介绍,语言简明扼要,讲解认真细致,非常有指导意义。虽然因为平日里一些繁杂事务没有机会静下心来进行课题研究,但通过刘老师的介绍,我对如何进行课题研究有了清晰而明确的了解,以后有机会一定要付诸行动。

李老师具体介绍了中职学生容易出现的心理问题以及与之相对应的有效解决方式,对我们今后的学生管理工作有很大的帮助。再遇到学生出现问题的时候,我们要怀揣真挚的爱心,仔细分析问题产生的心理层面的原因,用正确的方法与学生沟通,走进学生的心灵,与学生共情,从而取得更好的教育效果。

丁老师以与清明节、五四青年节相关的几个具体的班级活动实例为我们介绍了如何有效地开展班级活动,每个班级活动的环节都设计得非常流畅、自然,充分发挥了学生的主动性,家长的参与也是顺势而为,无不体现出丁老师育人无痕的教育风格。这对我们有很大的启示,今后,我们要真正以学生为本,以学生的发展为根本目的来设计活动开展活动。

平度市职业教育中心学校 杜清娟

非常感谢三位老师的精彩分享。刘桂美老师不愧是教学名师,她分享的《走向规范化科学的课题研究》干货满满,非常实用。我们从中学会了如何选题、如何设计研究方案以及如何呈现课题成果,对我们今后进行课题研究具有很好的指导作用。

李芳芳老师分享的《中职生常见心理问题解析及对策》,让我感触颇深,产生了深深的共鸣。从事班主任工作多年,李芳芳老师提到的中职生常见心理问题及现象,我也曾遇到过,在解决问题的过程中也曾产生过许多的困惑,李老师从专业的角度为我们分析了产生这些心理问题的原因及解决策略,为我们答疑解惑,对我们今后的班主任工作具有十分重要的指导意义。

对于我们中职的学生来说,他们正处在十五六岁的年纪,精力充沛但又不喜欢学习,因此,他们多余的精力就用在打架斗殴、网络游戏、谈恋爱等方面。如何将这部分学生过剩的精力消耗掉?丁莉老师分享的《活动育人,教育无痕——班级活动体会分享》为我们的班主任工作打开了新的思路,我们可以通过开展丰富多彩的班级活动,挖掘学生潜能,激发学生兴趣,锻炼学生能力,提高学生素质,让学生在活动中寻找快乐,获得知识,提高各方面的能力。

青岛交通职业学校 王晓慧

今晚,刘桂美老师、李芳芳老师、丁俐老师为我们呈现了三个高质量高水准的讲座,使我深受启发。作为一名中职学校的老师,与提高学生的学习成绩相比,我更关注学生的心理健康。学生在学习、生活中出现的状况大多是心理问题导致的,学生的心理更会影响未来的发展。现在学生的心理非常复杂,职校老师要不断提升自己的理论知识,学会分析原因,掌握有效的实践活动方法,积极做教育研究,才能有针对性地灵活处理学生的心理问题。中职学校学生的心理问题相对同龄孩子而言更为复杂,包括自身遗传因素和家庭因素,还有学校和社会因素。我们还要做好家庭教育,家长和老师合力才能加倍做好学生心理健康教育。一个人的心理会影响其一生的发展,希望能够通过我们老师的力量,让职校的孩子们健康快乐地成长。

胶州市职业教育中心学校　王丽丽

聆听了刘桂美老师、李芳芳老师和丁俐老师的讲座,我收获颇丰。每一次学习犹如打开一扇扇窗,让我能够看到外面更广阔的世界。专家老师们结合自己的教育故事,分享了行之有效的育人经验,激励我们满怀教育热情,肩负起新时代教育工作者的责任担当,不断学习和提升,以专业化的成长为学生的幸福成长奠基。因此,我更加庆幸参加了中职班主任发展共同体,能在破解德育难题、提升育人队伍素养、打造德育品牌等方面,带领大家发挥更大的作用。感谢今晚专家老师们的指导,愿更多的班主任加入我们!

平度师范学校　孙洪锐

认真聆听了三位优秀老师的分享,我受益匪浅。三位老师从课题研究、中职学生心理问题以及活动育人三个方面,结合自己班主任工作中的切身经历与研究实践作了精彩的分享。

主持人刘老师的分享针对性强,思路清晰、细腻、实用,尤其针对年轻教师的科研入门,有很强的指导意义。李芳芳老师从专业角度出发,结合自己工作中的亲身经历,在分享的内容中不仅体现出班主任老师的专业素养,更体现出老师对学生的人文情怀。丁俐老师的分享生动鲜活,充分展现了一个年轻的班主任在工作中的爱心和诚心……

聆听三位老师分享的同时,我也反思了自己的班主任工作,深感许多地方需进一步提升和完善。再次感恩三位老师的精彩分享,感谢"琴岛慧立"中职班主任发展共同体为我们提供这么高品质的交流平台!

七、活动七:交流促成长　研讨共发展

2021年12月13日晚上6点,孙洪锐名班主任工作室召开了在线研讨会议。本次会议由孙洪锐主持,孙洪锐、刘奎华、宋玮三位老师分别从班级文化及理念方略、做幸福的班主任、读书交流三个角度作了主题交流。

会议开始,孙洪锐老师向工作室成员介绍了本次会议的内容和流程,从工

作室目标、成员分工、活动安排等方面讲述了工作室考核办法和未来发展思路，鼓励老师们加强学习，提升专业水平。然后，孙老师以《班级文化及理念方略》为题从"初心与使命、挑战与问题、目标与实践、特色与成效、总结与反思"五个方面作了分享交流。

刘奎华老师以《做幸福的班主任》为题，从班主任工作的方方面面入手，讲解了"平凡"班主任的"不平凡"工作，呈现了做"幸福班主任"的"干货秘籍"，也让我们深刻体会到了老班主任的育人情怀。

宋玮老师从《刻意学习》作者简介，成长来自持续地行动和学习，刻意学习、学到真正的知识，投资自己、坐等风起，我们应该用什么心态对待成长五个方面向我们解读了《刻意学习》这本书，让我们感受到阅读对教师专业发展的重要影响，提醒大家利用好碎片时间、丰富自己。

成员感悟

平度师范学校 孙洪锐

听了刘奎华老师的分享，我深深感受到一位老班主任的情怀，二十几年如一日对孩子们的爱，细腻又深情，威严又真诚；深受感动，启迪心灵！宋玮老师的读书分享内容翔实而实用，通篇从脉络到内容，从体会到反思，结合自己的生活实践，充分展现了自身良好习惯和文学功底，体现了读书所带来的成长和独特魅力。感谢工作室每一位老师的用心聆听、客观评价和诚恳的建议；感谢两位老师的用心准备和精彩的奉献。祝我们工作室的每一位老师学有所得，做有所成。让我们再接再厉，共同提升！

平度师范学校 张家跃

感谢三位老师的精彩分享。将近两个小时的工作室分享时间，真是少有的能够平心静气的学习时光。

主持人孙洪锐老师的讲座高屋建瓴，引领工作室成员从理论高度分析当前的学生特点、班级文化建设思路，明确了作为成员要完成的个人提升、班集体建设、中职班主任发展共同体参与的目标和任务。

刘奎华老师分享的《做幸福的班主任》，对二十二年来所带班级、学生的情况如数家珍，让我深刻体会到了老班主任的育人情怀。刘老师建议我们保存班主任工作过程中的照片、心得感悟，这对我有很大的启发，在今后的班主任工作中我要更加注意这方面的工作。

第三节
读万卷书　行万里路
记孙洪锐名班主任工作室读书感悟

一、《胡雪岩的启示》读书感悟

近期，我读了《胡雪岩的启示》一书，留下了深刻的印象。书里的内容对于我们具有现实的指导意义。

胡雪岩是清朝末期一位很了不起的红顶商人，被大家尊称为"商圣"。胡雪岩生于道光三年（公元 1823 年），死于光绪十一年（公元 1885 年），他六十二年的人生道路跌宕起伏、大起大落，有很多经验教训值得我们引以为鉴、深思和学习。

人们常说，古有陶朱公，今有胡雪岩。为什么这样说？这里有一个故事，说是中国出现了许多商界高人，但没有一个超过胡雪岩，原因在于新疆的收复。说起当时收复新疆，每个人想到的贡献最大的人是左宗棠，然而左宗棠能取胜，某种程度上靠的是胡雪岩。当时新疆被分裂，清政府腐败无能，想出征新疆，却拿不出钱来，最后是胡雪岩用他的巨额财富，替清政府向外国银行贷款，这才保证了左宗棠顺利出征，新疆才得以收复。左宗棠是这样称赞胡雪岩的："商贾中奇男子也，人虽出于商贾，却有豪侠之概。"

家庭教育方面。胡雪岩成长在一个朴素的乡村，他的母亲金太夫人早年守寡，与左邻右舍相处融洽，与人为善，帮助别人不求回报；在教育子女上，除了言传，更注重身教。这样的母亲对胡雪岩有着深远的影响。一个人品德基础良好，一生都会很稳固。母亲教育他到私塾里面要听老师的话，不要吵闹；替人家放牛，要好好看管；出去当学徒，要听老板的话，要把老板交代的事情做好。简单的教育方式,却让他做事不斤斤计较,懂得包容别人,不能总要求别人。这些美好的品德使他一生受用无穷,为他的成功奠定了良好的基础。

胡雪岩取得这么大的成就,就是因为他有着这几点品质:勤劳,节俭,忍耐,讲信用,不和别人攀比,不求回报,好学。这几点为我们真实地揭示出胡雪岩成功的缘由。

在教学中,我经常向学生渗透胡雪岩对待学习认真勤奋的态度和对待朋友真诚信任的态度。

另外,胡雪岩一生都在感谢三种恩情:父母之恩,老师之恩,上司之恩。我们在教育学生时也常提到对自己身边的人要常怀感恩之心,以一种积极的心态对待生活!

二、《做卓越的教师》读书感悟

"胸藏文墨虚若谷,腹有诗书气自华。"读一本好书,就像与一个高尚的人谈话,彭兴顺老师的《做卓越的教师》正是这样一本引人入胜的好书。翻开书页,我就被吸引了,从目录上看,这似乎是一部做卓越教师的"兵法全书":教师专业发展的六项修炼、做幸福的教师、做会育人的教师、做会上课的教师、做会写作的教师、做会当家长的教师……我想尽快了解里面的内容,于是我静下心来,慢慢翻阅、品味。

人的潜能犹如地底的流泉,当未开掘时,它周而复始地在地下无声地流动,消耗着自己的活力。蛰伏在生命中的潜能巨大,人的使命就是激发潜能,为自己的潜能找到一个喷涌的出口。

当我们用自己全部的激情去学习、工作、生活,我们对学习、对工作、对生活的爱就如泉水一样喷薄而出,我们就会无惧失败,渴望成功,拥抱胜利!

一位教师的成长,除了要有积极的工作态度和高度的责任心外,还得注意科学、合理的工作方式。读书、反思、研究和写作,就是最好的工作方式。

我们只有不停地读书,才能拥有源头活水,滋润学生求知若渴的心田;只有不停地读书,才能沉淀深厚的精神底蕴,丰富学生广阔的精神世界。

优秀的教育者善于把教育失误变成教育财富,这是任何一个教育者从普通教师走向教育专家乃至教育大家的最关键的因素之一。

教而不研则浅,研而不教而浮。做研究是教师主体意识、主体精神、社会责任感的重要体现。如果行而不述,或者述而不作,那么再有价值的教育发现、教育思想都无法产生深远的影响力。

"让每一个学生都渴望事业的成功、渴求人生的卓越、渴求生命的辉煌,这才是我们教育的终极目标,这才是把我们国家和民族引向腾飞和强盛的教育!学校教育不能让自己的学生心中充满雄心和壮志,那么,这将是最失败的教育!"教师如果没有这样的思想和意识,就很难培养出有雄心壮志的学生,就不能引领学生向更高层次发展努力!

三、《给教师的建议》读书感悟 1

每一位教师都在努力创设轻松、愉快、和谐的教学氛围,并希望学生在自己的课堂上对学习感兴趣。怎样才能把课上得有趣?如何才能激发学生的学习兴趣?兴趣的秘密何在?对于这一连串的问题,我花费了十几年的时间也没能把它研究透彻。然而,重读苏霍姆林斯基的《给教师的建议》之后,我有了一种豁然开朗的感觉。

书中共有 100 条建议,内容充实,全面地反映了作者的教育思想和教育实践。书中的 100 条建议,每条谈一个问题,既有生动的实际事例,又有精辟的理论分析。文字深入浅出,通顺流畅,方便阅读。每条建议像一场甘雨般化解着我在教学中的苦恼与困惑,给了我很多新的收获与体验。而让我感触最深的是第 21 条建议——"兴趣的秘密何在"。

兴趣是最好的老师。在他的众多建议中,不止一次地提到关于激发学生兴趣的途径,他将激发学生的学习兴趣放到了十分重要的位置上。兴趣的秘密何在?他说,认识本身就是一个激发生动的、不可熄灭的兴趣的最令人赞叹、惊奇的、奇异的过程。自然界的万物,它们的关系和相互联系、运动和变化,以及人的思想和人所创造的一切,都是兴趣的取之不竭的源泉。同时,老师应当努力使学生自己去发现兴趣的源泉,让他们在这个发现的过程中体验到自己的劳动和成就,这件事本身就是兴趣的最终的源泉。因此,苏霍姆林斯基十分重视学生学习知识的动脑探索过程,他认为,离开了脑力劳动,既谈不上激发学生的兴趣,也谈不上吸引他们的注意力。

俄国文学泰斗托尔斯泰曾说过:"成功的教学所需要的不是强制,而是激发学生的兴趣。"对于学生来说,兴趣能够激发他们的求知欲,让他们想学、愿学、乐学。苏霍姆林斯基认为,对知识的兴趣的第一个源泉就在于教师对上课时要讲的教材和要分析的事实所抱的态度。因此,他在备课的时候,总是努力思考和理解教材中的结合点和线索。他认为，只有抓住这些思想的交接点，才能在认识周围世界的真理和规律性中解释出某种新颖的、出人意料的东西，也才能激发学生的学习兴趣。他还认为，对知识的兴趣还在于对知识加以运用，使学生体验到一种理智高于事实和现象的"权力感"。让学生在知识运用的过程中体验到知识是一种使人变得崇高起来的力量，这是比任何东西都更强有力的激发求知兴趣的刺激物。苏霍姆林斯基的这些观点对于我们正在积极推进的基础教育课程改革有着直接的指导作用。

对于激发学生的兴趣，作为教师，我曾做过许多尝试：精彩的课件设计、动听的激励语言、形式多样的课堂游戏、竞争激励等。我自认为做得不错，可看了苏霍姆林斯基的《给教师的建议》一书后，我曾经的努力就显得黯然失色了。在书中，苏霍姆林斯基认为，如果你所追求的是那种表面的、显而易见的刺激，以引起学生对学习和上课的兴趣，那你就永远不能培养出学生对脑力劳动的真正热爱。可见，我以前的努力都停留在了对学生表面的兴趣刺激上。

我扪心自问：现在的我又该如何激发学生的学习兴趣呢？苏霍姆林斯基的建议又该怎样落实在我的教学当中呢？

首先，教师要熟悉教材，充分备课。真理在学生意识中产生，来源于各种事实和现象之间的结合点，来源于把各种事实和现象串联起来的那些线索。那么我们在备课的时候，就要努力抓住并思考和理解那些结合点和线索。

其次，让学生体验成功的喜悦。对于儿童来说，每个孩子都希望自己是一个发现者、研究者、探索者，都渴望获得成功。在教学中，教师要创造合适的机会，鼓励学生将所学的知识加以运用，让学生在运用中感受知识的力量，并能从中体验成功的喜悦。

再次，要设计多彩的课外活动。要激发学生的学习兴趣，不能只停留在课堂中。多彩的课外活动，也是培养学生学习兴趣的有效途径，也就是课内与课外的有机结合。

每次捧起苏霍姆林斯基的《给教师的建议》，总会得到许许多多新的启迪。当我们感到内力不够需要充电时，马上打开这本教育名著，回到苏霍姆林斯基的文字里，一定会有所收获，不虚此行。教育工作任重而道远，我将在平凡的工作岗位上，在苏霍姆林斯基《给教师的建议》的陪伴下，不断学习，充实自我，全身心护航学生幸福的师范生活。

四、《教师行为的 50 个细节》读书感悟

最近读了《教师行为的 50 个细节》,我觉得读书是一种幸福、一种乐趣,更是一种享受。读这些教育专著时,我边看边与自己平时的教育实际相比较,不禁有了感触,有了共鸣。这本书在教我如何成为一个好老师的同时,也教会了我如何做人。以下是我的一些体会。

(一)教师教育行为细节

育人是教师工作的重要内容。教师的教育行为要发挥理想的效果,务必摆脱枯燥与乏味的单一说教,关注自身行为的细节,从细小之处来影响学生。哪怕一个细小的动作,都有可能给学生的心灵烙下痕迹。一次无意的言语失误、一句脱口而出的伤人之语,都有可能疏远师生之间的关系,使教育产生的真实影响与预期的目标背道而驰。

(二)教师教学行为细节

课堂是教师开展教学活动的主阵地,课堂教学是教师的基本教学工作。教师在课堂中的教学行为也体现了教师个人的基本素养。在课堂教学中,教师的行为细节,不管是言语行为还是非言语行为,不管是有意表现出来的行为还是无意流露出来的行为,都可能对学生的课堂学习乃至日常生活产生直接或间接的影响。以教师在课堂上的言语行为为例,假如教师表现出得当的言语行为,那么就能够感染学生,引导学生的情绪变化,激发学生学习知识的兴趣和热情;假如教师表现出失当的言语行为,那么就有可能打击学生的学习兴趣和热情,疏远师生之间的情感,影响课堂教学的质量。

(三)教师管理行为细节

在学校教育里,教师经常承担着管理者的角色。在课堂教学中,要进行课堂管理或者教学管理;在课余与学生的互动中,要进行学生管理。教师在管理课堂、管理学生的过程中,也要注意自己的行为细节,努力从细节之处做好管理工作。

(四)教师学习行为细节

古人云,活到老,学到老。在社会生活节奏加快、知识激增的当代,作为以传道、授业、解惑为己任的教师,我们要抓住各种学习的机会,不断丰富自己的知识,提高自我的素养,促进自我的专业发展。因而,不管是参加有组织的学习

活动还是自我学习,教师都要管理好自身的学习行为细节,提高学习的针对性和实效性。

(五)教师日常行为细节

在教育教学过程中,教师要做到为人师表,在校园之中的日常行为,也要时时注意细节,以免给学生传递不良信息。很多时候,教师日常的行为细节,就是对学生的一次次"身教",而且这种教育比"言传"更具影响力。

五、《你能成为优秀教师》读书感悟

每个人对知识的渴望都是无穷的,这个假期有幸读了《你能成为优秀教师》一书,我又一次享受到了阅读带来的乐趣。教师只有时刻保持学习的心态,学习先进的教育教学理论,学习专业的理论思想与技能,才能使自己的知识结构得到及时更新,永远站在一个崭新的高度上审时度势,不断激发勤奋工作的热情,实现教学工作的创新。作者认为一名优秀教师务必具备以下素养:对工作敬业——敬业是创造价值的基础;对学校忠诚——忠诚是信赖的前提;对领导服从——服从是步伐协调的保证;对自己信任——自信是成长的基点;对他人欣赏——欣赏是快乐的源泉;对社会奉献——奉献是卓越人生的境界。

我们每一个人都期望成功,成功就掌握在自己手中,但它不会一蹴而就,成功蕴藏在平凡的工作当中,生命的价值也蕴藏在平凡的工作当中,生命的价值离不开工作,工作是我们创造价值的平台,是体现人生价值的最佳场所。因此,我们务必重视自己的工作,并投入全部的热情。大家都说教师是太阳底下最光辉的职业,干的是良心活。是呀!我们的身上担负着教育好祖国下一代的重任,所以我们就更要投入自己全部的热情与精力。我热爱我的工作,它让我得到尊重,得到幸福的满足。但光有热爱是不够的,我要做的是在热爱的基础上如何让自己一步步变得更加优秀,更加受人喜爱和尊重。教师应时刻严格要求自己,尊重学生,热爱学生,多从学生的角度思考问题,凡事多问问大家的想法,做到对学生信任和欣赏。每个学生都是一块闪闪发光的金子,我们应多看到他们身上的优点和长处,尽可能地给大家创造一个展示自我的舞台,时刻用乐观的心态对待工作和学生,用阳光般的笑容感染周围的人。快乐是能够传播的,你快乐所以我快乐!

我们努力工作是为了更好地实现人生价值,所以要让敬业成为一种习惯,从小事开始,坚持每天把简单的事情做好,把容易的事情十分认真地做好。学

会欣赏他人,多向同事学习,与同事之间相互合作、相互欣赏。有句话叫"功成不必在我,团队的成功就是我的成功"。人人都有值得我们钦佩的地方,真诚地为我们身边的每一个人喝彩!

做人比做事更重要,要做事,先做人,做好工作固然重要,但为人之道才是根本。有德的人才能够把事做对,有了好的人品做保证,做人才有底气,做事才会正气。做人要时刻保持一颗自律的心,看到自己的不足,守住自己的道德准则,老老实实做人,踏踏实实做事。生活对我们每一个人都是公平的,你付出多少,便会得到多少,若你没有得到那便是付出得不够,我们不该去埋怨别人,更不该埋怨人生。没有谁辜负我们,辜负我们的只有我们自己。

最后,让我们心怀感激之情,感激我们周围的一切人和事。我们应感激我们的学生,我们成绩的取得是因为我们有这帮优秀的学生。孩子们,真心地谢谢你们!是你们和我共同品尝工作中的酸苦,分享工作中的快乐,为了优秀的你们,今后我将不断学习,努力提升自己,争取早日成长为一名合格的优秀的教师,让我们一起加油!

六、《给教师的建议》读书感悟 2

阅读苏霍姆林斯基的《给教师的建议》之后,我感触颇多,他的一些教育方法和理念不论是过去还是现在都值得我们广大教师不断思考。通过阅读,我懂得了要成为一名合格的好教师,必须要有高度的社会责任感。

歌德说:"你要欣赏自己的价值,就得给世界增加价值。""尽力履行你的职责,那你就会立刻知道你的价值。"履行责任的标准越高,其人生价值就可能越大。一名教师,只有尽到对学生的责任,才是好教师。因此,加强教师职业道德修养,必须从"责任"二字做起。对自己应尽的责任认识得越早,越能健康快速地成长,越能在履行责任中实现自己的人生价值。那么,怎样做才能更好地履行教师的责任呢?

(一)要身体力行,以身作则

我认为要从课堂做起,从小事做起。要求学生做到的教师自己先要做到,并且要做得更好,这就要求教师必须学为人师,身正为范。我一直就是这样要求自己的。

在学生眼里,教师是榜样,教师的一言一行都受到学生的关注。因此,教师的人格对学生的影响是巨大的甚至是终生的,尤其是教师不良的行为所产生的负面影响更是无法挽回的。如果一个教师上课迟到早退,或不认真备课、随便应付,或对学生不管不问,那么这样的教师如何成为学生学习的榜样?怎么能教书育人?

(二)要不断提高自己的专业知识和业务水平

首先,教师要有扎实的专业理论水平。对所教课程的内容要非常熟悉,从教材、体系到知识点等都必须了解、掌握;上课能够做到驾轻就熟,深入浅出,难易恰当,重点突出,对学生的回答能及时作出明确的判断,不能模棱两可,这就要求我们要不断地充实自己,不断地学习。

其次,要有好的教学方法。作为教师,怎么教是一个很重要的问题,好的教学方法能够吸引学生的注意力,培养学生的学习兴趣和积极性,使学生得到启发,思维能力得到锻炼,从而能够使学生自主地学习。相反,照本宣科、填鸭式的教学方法是不受学生欢迎的,这样的课堂是缺乏生机活力的。因此,能否掌握学生喜欢的教学方法,也是教师业务水平的重要体现。尤其是我们现在的教育阶段,针对我们职业高中的学生,在培养能力、发展思维的同时,必须兼顾基础知识和基本技能的落实。

最后,要有比较宽广的知识面和较强的反思能力。教师如果没有比较宽广的知识面,就不能在教学中游刃有余,也不利于拓展学生的思维。业务水平的提高要靠不断学习、反思和探索,而这背后的决定因素是教师的责任心。

(三)要关爱学生

一是关心学生的思想。教师要利用课余时间与学生进行交流、谈心,了解学生在学习、生活等方面的情况,从中知道学生在想什么,需要什么。

二是关心学生的学习。当学生在学习上遇到困难,要及时地、耐心细致地辅导,坚持让每一个学生都得到发展。

苏霍姆林斯基的《给教师的建议》处处渗透着这位伟大的教育家的爱生之情,以及他在教育教学研究中的真知灼见,是不可不读的一本好书,这本书将成为我教师生涯的指路明灯。

七、《魏书生班主任工作漫谈》读书感悟

魏书生是个平凡的人,但有着不平凡的境遇,干着不平凡的事业。他之所以在教育领域取得了如此多的成就,首先取决于他崇高的精神境界。

"师生的心与心之间的响应就像人们在群山之中得到回声一样,教师对着学生心灵的高山呼唤:'我热爱你,我尊重你,我理解你,我关怀你……'学生便在心灵的深处回应:'我热爱你,我尊重你,我理解你,我关怀你……'年复一年,教师就像从一条河的岸边接一届届新生上船,用满腔的热情和真切的爱,把他们送到理想的彼岸,让他们奔赴远大的前程。"这是魏书生老师的一段话,一直萦绕在我的脑海中,深深地吸引了我。

他说:"教师对学生关心得越多,师生感情就越密切,一位教师不仅重视教给学生知识,提高学生成绩,还要关心他的身体,关心他的生活,关心他的思想……"魏老师非常热爱他的学生,有人称赞他:"想着的是全体学生,要把所有的学生教育好才甘心,有一个学生没有教好心里就不安。他把学生看得比自己重要。他可以忍受生活上的种种不便、种种困难,目的是把这些学生一个一个地教育成才。这是一个真正的共产主义者的精神,也可以说是宗教家的精神,即牺牲自己,拯救别人。这种精神值得我们学习。"魏老师热爱学生也尊重学生,学生的一点进步他都表扬,学生犯了错误,他也不直接批评,而是用做好事、写说明书、写心理病历等形式让学生进行自我教育。他认为,做好事起到了增强学生自尊心、自信心的作用,也起到了分散学生犯错误的精力,将其导向真善美的疏导作用,起到了使学生发现一个更强大的自我的作用。而写心理病历,有利于使学生跳出自我保护的小圈子,站在客观公正的角度,冷静地选择改正自己错误的方法。魏老师采用这些行之有效的纠错方法,使学生在自我教育中幡然悔悟,弃旧图新。这就是魏老师爱的智慧、爱的艺术。

读完这本书,我深刻理解了:教师是一份需要爱心的职业,没有爱心的人是做不了也做不好教师的。魏书生爱自己,爱家人,爱他人,尤其爱学生。魏书生爱学生,尤其爱那些后进生。魏书生认为后进生最不容易。每天课听不懂,还要硬着头皮听,不懂装懂,装模作样,天天如此,年年如此,这需要多大的毅力呀,因此给他们一些关爱,帮助他们进步也应是教师义不容辞的责任。再有,教师做后进生的转化工作如同医生诊断病情一样,医生只有在治疗疑难杂症的过程中才能提高医疗水平,教师只有在教育后进生的过程中才能提高自己的工作水平。这一认识应该说是非常独特、耐人寻味和发人深省的。

鉴于以上感悟,我强烈推荐这本好书《魏书生班主任工作漫谈》。

八、《平凡的世界》读书感悟

看完《平凡的世界》，我的心情久久不能平复，不知道秀莲的肺癌最后能不能治好，孙少平会一辈子在明明和惠英那里吗？书中各个人物最后的命运都不得而知，但孙少平曾经说过，即使最平凡的人，也得为他所存在的世界而奋斗。

命运往往像一个牢笼把人紧紧地困在原地，但总会有人不屈服于命运的安排，就像孙少安本来只是一个每日埋头于田间的庄稼人，到最后去乡上开制砖厂，别看只迈出了这么一步，但对他个人甚至对那个时代来说都是十分有意义的。孙少安不甘心一辈子只是个种庄稼的农民，所以他敢于抓住机遇，敢于冒险，在经历了一次失败之后并没有一直沉沦下去一蹶不振，在经过一年多的沉寂之后敢于再一次冒险，这在当时对一个农民来说需要多少的勇气啊。成功往往包含着泪与艰辛，但是只要为自己想要的努力过就不会有遗憾了。

在《平凡的世界》里，最让人暖心与感慨的就是感情了，亲情、友情、爱情以及陌生人给予的温情，让人们在最困难的那段岁月里相互帮扶。就像少平与金波，少平说过最好的感情就是从朋友再到亲人，他们做到了，在他们各自为生活奔波的过程中也不忘去看望对方，朋友永远是心里温暖的依靠。还有田晓霞与孙少平的感情是让人动容的。虽然晓霞在抗洪期间为了救一个年幼的孩子牺牲了，但是她没有白活，她做了自己想做的事，实现了自身价值，活在了少平的心里，活在了那些在乎她的人的心里。

希望，是贯穿全书的字眼。孙少平在他上高中的时候虽然也自卑过想放弃过，但是因为书的力量以及周围人的激励让他对未来的路充满希望。我们也要对那些在我们艰辛时给予过帮助的人心怀感激。之后孙少安去黄原揽工过着艰难的生活，但仍然充满希望，因为太多的责任扛在自己的肩上，以及在日后下矿的日子里，尽管每天面对的都是黑压压的一片，并且工作十分危险，但他遇见了师傅一家，给他带来了温暖与希望。在人生的旅途中，陌生人给予的温暖真的是平凡艰苦生活中的慰藉，就像送李向前去医院的那位热心的陌生人，他在书中是没有名字的人，但是我们也不应该把他遗忘。正是在我们的人生中有那么多热心的陌生人，我们的人生旅途才不孤单，才会觉得温暖。

从这本书里，我看到了希望，看到了奋斗，看到了温暖的情感，知道了脚踏实地，知道了平凡中的伟大。我们生活在这个时代是幸运的，是幸福的，所以我们更应该为了我们所存在的平凡的世界而奋斗，活出自己想要的样子，让平凡世界中的我们不平凡!

九、《给教师的建议》读书感悟 3

苏霍姆林斯基是享誉世界的教育家。他的《给教师的建议》提出了100条建议,每条谈一个问题,既有生动的事例,又有精辟的理论分析,加之朴实的语言,读起来很亲切。作者的知识观、和谐教育理论、儿童中心观等,都让人受益匪浅,但作为一线教师,我更关注的还是技术层面的问题,即怎样备好课、怎样上好课。研读这本书对我备课、上课都有很大的帮助。

(一)对于备课的启示

作者反复强调阅读的重要性,无论是对教师还是对学生都是如此。他认为教师应多读学术著作,"应当在你所教的那门科学领域里,使学校教科书里包含的那点科学基础知识,对你来说只不过是入门的常识。在你的科学知识的大海里,你所教给学生的教科书里的那点基础知识,应当只是沧海之一粟"。他还把阅读作为教师教育素养的重要内容,认为"只有当教师的知识视野比学校大纲宽广得无可比拟的时候,教师才能成为教育过程的真正能手、艺术家和诗人"。作为一名地理教师,我对他举的一个例子印象特别深:一位有三十年教龄的地理教师上了一节非常出色的公开课,当被问及花了多少时间来备这节课时,这位教师说:"对这节课,我准备了一辈子。而且,总的来说,对每一节课,我都是用终生的时间来备课的。不过,对这个课题的直接准备,或者说现场准备,只用了大约15分钟。"这段话意味深长,发人深省。是啊!今天的成功,取决于一生经验的积累,而经验正是在长期读书中积存下来的。受其启发,我现在每天都要认真读一点书,包括地理专业著作、教育学、心理学等。读专业著作能开阔视野,能将最新的学术研究成果运用到教学中去,而读教育学、心理学著作则能增强对教育规律、学习规律的认识,更好地解决教育教学中出现的问题。

(二)对于检查作业的启示

我们都遇到过这样的情形:老师检查知识掌握情况,当被抽到的同学回答问题时,其余的学生在各干各的事情,仿佛与自己不相干。怎样才能使所有的学生都能对老师提出的问题积极思考,以便教师对全班学生都能检查到呢?

作者认为使用草稿本是一个有效的办法。即让同学们把要求回答的问题写在草稿本上,各自独立完成。这种方式的优点,首先在于检查知识时不必把学生都懂得的知识高声地重复一遍,教师也可以用看似简便的方式了解学生知识掌握的情况。同时,每一个学生都能做到完全独立地完成。教师还可以密切关注学习困难学生的掌握情况,并考虑到他们的个人能力和特点。

以前我也曾为这样的问题烦恼过。现在每当复习上一课内容时,我就不再让学生一个一个地站起来回答,而是让每一个学生准备好草稿纸,把要回答的问题独立写下来。我巡回检查,然后根据实际情况决定是在课堂上再强调一遍,还是课后只找一部分同学交流。这样一来,随大流的同学少了,认真思考、认真读书的多了,学习效率也就提高了。

(三)对于知识复习的启示

对于教师来说,最难处理的莫过于复习课,有的教师把复习课上成了习题课,有的教师是把内容再复述一遍。但这样做会让学生有嚼蜡之感,毫无学习兴趣。让学生自己看书,一些学习能力差的学生则效果甚微。作者认为,要复习分量很大的教材,就必须站得远一点来看它,以便使主要的东西能被看得更清楚,而次要的东西则不那么显眼。如果学生在复习的时候把所有的东西从头至尾地反复地读,那就不但会出现负担过重的现象,而且更重要的是材料的中心思想会被学生忽略过去,从而削弱了它们的教育作用。应当让学生从教材中解脱出来,即放过细节,抓住要点。

(四)对于课堂教学的启示

我最关注的还是课堂教学,本书对此至少在三个方面给予了启示。

首先,斯宾塞认为:"学生自己得来的任何一项知识,自己解决的任何一个问题,由于是他自己获得的,就比通过其他途径得来的更彻底地属他所有。他那个成就所需的心智准备活动、必要的思维集中、胜利后的兴奋,结合起来就使一些事实深深印入他的记忆中;而单凭从教师那里听到或从课本中读到的任何知识绝做不到。尽管他遇到失败,他所达到的紧张程度,也担保他能够比从别人那里得到解答时更容易记住,比重复五六次还强。"也就是说,要使课堂教学取得实效,必须让学生亲力亲为亲身感受。苏霍姆林斯基持同样的观点:"如果把掌握知识的过程比喻为建造一幢大房屋,那么教师应当提供给学生的只是建筑材料——砖头、灰浆等,把这一切砌垒起来的工作应当由学生去做。"他举了这样一个例子。有一位小学教师被认为是讲解算术应用题的高手。为了使学生"领会"应用题的条件,她事先准备了许多图片和表格,有时甚至把应用题里谈到的实物拿到课堂上来。看起来,她的学生解应用题很顺利。但是,当这些学生升入五年级以后,教师们大为吃惊:原来那位女教师教出来的学生根本不会解算术应用题。因为那位女教师在整整四年里小心翼翼地保护学生,不让他们碰到困难,所以学生事实上并没有学会积极地思考。我觉得这位女教师离我们并不遥远,就在我们身边。我们不少教师老是怕学生自己学不好,经常把课讲得很详细,分析得很到位,但结果往往是事倍功半。

其次,苏霍姆林斯基对教师教学中的问题的批评一针见血,令人大有醍醐灌顶之感。如书中指出:"在许多教师的教学和教育工作实践中,形成了这么一种惯例:要求学生掌握知识,就是为了能够正确地回答所提出的问题或者能够完成作业。这种观点迫使教师片面地评价学生的脑力劳动和他们的能力:谁能够把知识保存在记忆里,一旦教师提出要求,就能把它们'倒出来',谁就被认为是有知识、有能力的学生。""死记硬背一贯是有害的,而在少年期和青年期则尤其不可容忍。在这些年龄期,死记硬背会造成一种幼稚病——它会使成年人停留在幼稚阶段,使他们智力迟钝,阻碍才能和爱好的形成。"

最后,在教学方法上,作者特别强调兴趣对学习的重要性,但又认为"如果滥用那些有趣的、形象的、鲜明的、花花绿绿的东西,就会导致学生过于兴奋:教室总有人小声讲话和做小动作。教师为了'压倒'学生的嗡嗡声,就提高嗓门讲课。而这样一来又引起了更大的兴奋。这种兴奋可能使学生一连几节课安不下心来。于是,也就根本谈不上进行正常的脑力劳动了"。

同仁们,立即行动起来,多读书吧!让阅读照亮我们的课堂,有了阅读积累,我们的课堂才是有效的课堂,才是成长的课堂,才是充满活力的课堂。

十、《工匠精神》《如何有效阅读一本书》读书感悟

我利用暑假时间阅读了两本书,其中《工匠精神》使我感触颇深。

书的大意是说,小工厂的工匠们致力于技术的研发和精益求精,他们形容自己:"我就像是小镇医生,治疗的都是被大医院放弃的不治之症。"为了能够保持这种不受利益干扰的钻研之心,他们刻意地保持着几个人的小工厂规模。当技术被海外廉价工厂学去,订单也被抢走,他们所想的是继续用技术来说话,把 99% 做到 99.99%。

什么是"工匠精神"?第一是追求完美,第二是持之以恒,也就是对自己的工作和产品精雕细琢、精益求精的精神理念，以及持续追求完美，力求通过不断改善以达到目标领域的最优境界。"靡不有初，鲜克有终"，追求完美的人有很多，能够有始有终的不多。换一种方式说，"工匠精神"是一种情怀、一种执着、一份坚守，更是一份责任。

为中华之崛起而读书。一个民族，一个国家，要发展离不开创新，要创新离不开学习，要学习离不开读书。理论结合实际，我们要用一种"工匠精神"来对待阅读这件事，现在和各位老师分享一下。

有人说，阅读是站在巨人的肩上看世界。阅读的确可以让我们迅速成长起来，所以在对待阅读这件事情上，要十分认真。

用一种"工匠精神"对待阅读这件事，就是把阅读流程化、简单化，并且把这个行为坚持到底，做到极致。

有一本关于如何阅读的书值得我们参考学习，这就是日本作家奥野宣之的《如何有效阅读一本书》。作者介绍了自己多年实践研究的行之有效的阅读经验和方法，提供了一套阅读的流程模式，供读者参考操作。这本书很好地贯彻了日本人的"工匠精神"——流程化、简单化。

《如何有效阅读一本书》把读书分为五个流程：选书、购书、读书、记录、活用。作者对每一部分流程都有细致的说明，可操作性非常强。

在选书部分，作者提到如何选择适合自己的书，怎样在平时用心收集所有关于书的信息，并及时记录。

在购书部分，因为有了前面选书作为准备，我们手上会有一张购书清单，带着这个清单，就可以直奔主题买书了，而不是在漫无目标的浏览中浪费时间。

在读书部分，作者提到一个很重要的观点：要带着写读书笔记的目的去读书。

在记录方面，作者讲了怎样写读书笔记，这是全书的重点。

第一，一定要写读书笔记。

第二，读书笔记不用面面俱到，只需要写我们认为重要的，能够打动我们的部分就可以了。

第三，不要一边看书一边做读书笔记，这样既没有效率，又容易产生厌烦，我们可以采用一种"特别的折书办法"。

具体怎样操作呢？

在看书的时候，如果觉得有可以做笔记的地方，就在书页上方折一个角；一段时间后，我们回头看有折角的部分，如果依然觉得这一部分值得做笔记，我就在这个书页下方也折一个角，这相当于二次阅读；然后，我们可以进行第三次阅读，拿起笔，在折了两个角的书页上面仔细浏览。如果还是觉得值得把它记录下来，那么我们就在上面做相应的记号。

对不同的书，阅读的时间、方法是不一样的。

一本书最有价值的部分，可能只有一页，甚至只有一句，把它找出来，这次的读书任务就成功一大半了。

通读、重读、标记这三个步骤不一定要看完整本书才进行，我们可以把这三步交叉完成。只需要准备三个书签，第一个通读书签表示第一遍阅读到的地方，第二个重读书签表示第二次重读"单折页"浏览到的地方，第三个标记书签表示第三次重读"双折页"浏览到的地方。

不一定要把整本书看完才做读书笔记，当一本书出现了这三个书签以后，我们就可以开始做读书笔记了。把那些自己认为值得摘抄的部分，抄到笔记本上。在这个阶段，我们依然可以进行筛选，不是所有画了线的部分都需要摘录。

还有一个需要特别注意的问题，摘录以后一定要写上自己的感受，感受可以很短，哪怕是"写得真好"这样简单的评语，也有助于记录当时的阅读心情。

读书笔记的格式可以是这样的：写上日期、书名、作者、出版社、摘录、评论；要记得在摘录和评论前面，标记不同的符号，比如圆形和五角星，以便以后识别这是属于摘录，还是评论；摘抄要保持原汁原味，摘抄和评论可以交替进行。

在活用部分，作者重点讲述了怎样利用读书笔记的问题。

做读书笔记的过程，就相当于把书中的重要内容看了四次。做好的笔记，如果我们能够再次浏览的话，相当于又把书看了一遍。虽然说"书读百遍，其义自见"，但是在现代社会，对于大部分的书籍而言，我们没有时间，也没有必要反复阅读整本书。重看读书笔记，就是一个简单高效的读书办法，因为这些笔记是经过我们多次阅读提炼出来的精华，而且还有我们当时的思考评论，经常翻翻这些读书笔记会带给我们灵感和创意，对我们的学习和工作很有帮助。

《如何有效阅读一本书》是一本关于阅读的入门级书籍，书中介绍的方法简单有效，作者把阅读这件事分解归纳成一个可以操作的流程模板，是一本相当有实用价值的书。

请认真对待阅读这件事，以一种"工匠精神"，把它做到极致，我们一定会受益终生。

十一、《做最好的老师》读书感悟

《做最好的老师》中的每一个字、每一句话，都敲打在我的心灵深处。这是李镇西老师二十五年教育教学思想和智慧的精华集萃，全方位地阐述了李老师的教育观、学生观、班级管理、思想工作、心理教育以及语文教学的理念与实践。李老师把他的教育思想、教育机制、教育技巧与教育情感融为一体。语言朴实而富有诗意，形象而充满激情。读着书，让人不禁为之激动、赞叹、折服！

有人说，爱是一盏灯，黑暗中照亮前行的你；爱是一首诗，冰冷中温暖渴求的心房；爱是夏日的风，冬日的阳，春日的雨，秋日的果。是啊，李镇西的教育理念——爱是永恒的教育理念，正证明了这一点。他把自己所有的爱，全部倾注给了他所热爱的教育事业，二十五年如一日，爱生如子，用他那"激情燃烧的岁月"，谱写一幕幕爱的篇章。他把自己融入班级这个大家庭里，走进学生的情感世界，把自己当作学生的朋友，去感受学生的喜怒哀乐，去赢得学生的信任与敬佩。

李镇西老师的《做最好的老师》给我了一些启示。有人说，教师的生命像一个长长的句子，艰辛是定语，耐心是状语，热情是补语；又有人说，教师的生命像一个根号，一叠叠作业本为他的青春无数次开平方。其实这些都只说了一半。因为对于幸福教育的教师来说，教育不是牺牲，而是享受；教育不是重复，而是创造；教育不是谋生的手段，而是生活本身。我认为，教育首先是一种服务，教师是一种带有浓厚服务性质的职业：为每一个学生的健康成长提供帮助，为社会培养健康健全的人才。教师要心怀服务思想，才能亲近学生，关心爱护学生，蹲下来悉心倾听他们的心声，也只有这样才能为他们提供最切合实际的帮助，才能为他们铺设好最适合他们的道路，让他们能够在及时的肯定和鼓励声中张扬个性，茁壮成长。

其次，当代的教师还要树立这样的观念："弟子不必不如师，师不必贤于弟子。"一名好教师，一名爱学生的教师，会将学生放在平等地位，信任他们，尊重他们，视他们为自己的朋友和共同探求真理的伙伴。只有这样才能达到真正的教学相长。

再次，作为当代的教师还应该"善思"。帕斯卡尔说:"人是一根思想的芦苇。"笛卡尔说:"我思故我在。"教师应该是个思想者。我们在教育教学工作中，要做个善于思考的有心人，去认真总结教育的得与失。

有一句话说得好，选择一行，爱一行，我也是这样，我不知道选择教师这个职业对不对，但是当我面对那帮学生时，我觉得我应该做最好的老师，至少对得起这帮孩子！我现在一直在努力，尽心去承担我作为一名教师应尽的一切义务和责任。教育是心心相印的活动，是需要爱、需要尊重与理解的过程。人非草木，孰能无情，相信我们的真诚和良苦用心会换来学生的进步。

"做最好的老师"是一种平和的心态。所谓"最好"就是"更好"，虽然这个"最好"，永远达不到，但一个个"更好"，便汇成了一个人一生的"最好"。"做最好的老师"强调的是"自己和自己比"——昨天的自己和今天的自己比，不断地超越自己。

—第二章—

成果篇

第一节
孙洪锐名班主任工作室工作总结

本工作室自成立以来,始终以青岛市教育局提出的"培养任务、科研任务、引领辐射任务"为导向,立足实际、同心协力,深入开展了大量具体工作,取得了阶段性成果,得到了较好的社会反响。现将有关工作总结如下。

一、工作室建设情况

(一)硬件建设

工作室获得了平度师范学校领导的高度重视和大力支持。他们为工作室提供了宽敞的工作场所和齐全的工作设施,创建了优美的工作环境,为工作室有效开展工作奠定了坚实的物质基础。

(二)软件建设

针对任务和工作的重难点,我们制定了工作室的实施方案、三年规划、每年研修计划及工作制度和考核条例。聘请中国海洋大学孙艳霞教授为科研指导专家,聘请全国优秀班主任、正高级老师王树青为工作室导师。

二、规划目标情况

在工作室所有成员的共同调研下,工作室明确了中职班主任工作的发展方向和目标,确立了学习成长的内容及课题研究的方向,提前策划预期达成的成果,提出了研究过程中需重视的中职班主任工作的重难点和存在的主要问题。以问题为导向,量体裁衣,有针对性地指导和帮助工作室的每一位成员制订个人发展规划和年度研习计划。

三、培养任务情况

（一）现场调研

根据工作室的发展规划和年度计划,我们首先组织工作室成员带着问题和研究目标,去河北衡水中学进行现场调研。在调研的过程中,结合中职班主任工作的实际情况,探讨适合中职生学生管理的新模式,并形成文字和 PPT,及时地进行经验分享和交流。

（二）专业阅读及读书交流

为更好地提升工作室成员的专业素养和视野格局,工作室出资从专业机构有选择地购得专业书籍,并多次组织工作室成员进行现场读书评析及网上分享,有效提升了工作室成员的整体素养。

（三）专题研讨及学术沙龙

为更好地帮助工作室成员有针对性地解决班主任工作中的重点和难点,提升工作室成员的工作实战能力,工作室多次举行了"主题班会课""德育优质课""班主任技能大赛赏析""青年班主任基本功大赛"等专题研讨,并及时形成文字总结;并与同类工作室联合举行了"以赛促长,以赛促教""启智润心,增慧立德""不忘初心,砥砺前行"等专业学术沙龙。

（四）专家授课指导

针对工作室工作过程中遇到的疑难问题,我们多次聘请相关专业的专家和教授为我们举行专题讲座,答疑解惑。

四、科研任务情况

工作室围绕中职班级管理和德育中的热点、重点和难点问题,有针对性地开展课题研究。

由工作室主持人主持申报的课题《"互联网+"背景下提升中职生应对突发事件心理健康水平策略的研究》入选 2020 年度青岛市教育科学"十三五"规划教师专项课题。课题研究形成了著作、论文等研究成果。

工作室有幸参加了由孙泓老师带领、以青岛市名班主任工作室为依托开展的 2020 年度山东省教育教学研究课题《以提升班主任能力为导向的中职班主任发展共同体的构建与研究》,工作室对此已作了大量的前期调研。

工作室主持人及成员还参与了《基于教师专业发展的学习共同体的构建研究》《农村全科型"3+4"本科层次小学教师培养模式研究》《在信息技术学科"做—学—做"模式中提升师范生核心素养研究》《乡村义务教育学校教师专业培训有效性研究》等课题研究。

五、引领辐射任务情况

为充分发挥工作室辐射带动、示范引领作用,工作室将在理论和实践探索中形成的教育教学改革新方法,学生管理新模式、新理念及时地辐射传播出去,并为此作了大量的努力和尝试。

工作室主持人多次在青岛市中小学教师培训中心举行"家校共育""美育与班级管理"等主题的专题讲座;工作室成员还积极参与青岛市"琴岛慧立"中职班主任共同体的经验交流和专题分享;工作室定期举行示范性主题班会课、德育专题讲座、班级管理经验交流会、校社帮扶活动、社会志愿服务、网络直播等多种活动传播德育教育,介绍学生管理新理念、新方法。

六、成果培育目标情况

结合工作室的目标和任务,我们注意及时将工作实践过程中的成果进行阶段式凝练,力求将优秀成果转化为"'互联网+'教师专业发展"课程资源。鼓励工作室成员结合课题研究发表论文、出版专著,形成教学科研成果,并积极申报国家、省教育科学规划课题和教学成果等。经过不断努力,工作室取得了以下成果。

工作室建设成果《爱在路上》《与爱同行》由中国海洋大学出版社出版;

参与"家校共育 助力成长"课程建设,获评首批青岛市家庭教育精品课程;

参与中国教育学会规划课题《基于教师专业发展的学习共同体的构建研究》,顺利结题;

参与中国教育学会规划课题《农村全科型"3+4"本科层次小学教师培养模式研究》,顺利结题;

参与青岛市教育学会研究课题《乡村义务教育学校教师专业培训有效性研究》,顺利结题,获评市级优秀等次;

参与课题《新时代中职生工匠精神培育研究》,顺利结题,获得青岛市教学成果二等奖；

参与山东省教育教学研究课题《师范学校 STEM 教育人才培养模式研究》，顺利结题，获评青岛市科研成果二等奖；

工作室主持人及成员参加青岛市中等职业学校班主任基本功比赛，获得二等奖两项、三等奖一项；

撰写论文《突发事件下中职德育心理健康教育的重要性》，发表于期刊《爱情婚姻家庭教育探索》；

撰写论文《"互联网＋"背景下中职院校学生心理健康现状与提升策略研究》，发表于期刊《爱情婚姻家庭教育探索》。

在学校领导的指导下，工作室有信心在今后的工作中继续努力提升、创新科研，充分发挥工作室的辐射引领作用，高标准完成我们的新目标新任务！

第二节
孙洪锐名班主任工作室工作成果

一、主持人成果

在近三十年的中职班主任工作和三年青岛市名班主任工作室主持人的工作中，孙洪锐始终秉承"以德育人，以美化人，以身作则，立己达人"的班级管理理念。以"助学生圆梦"为工作初心，以"树家校新风"为工作使命，以"爱与责任"为工作核心。在工作实践中笃信"爱是一种伟大的力量，没有爱就没有教育；疼爱自己的孩子是本能，热爱别人的孩子是神圣"。孙洪锐在任职青岛市名班主任工作室主持人的三年中，在团队管理、德育工作、学生管理及示范引领等方面积累了一定的经验。

以下为德育、班主任方向代表性科研成果。

（一）发表论文

1. 撰写论文《中职班主任德育管理模式统一性发展的研究》，发表于期刊《中国科技期刊数据库——科研》。

2. 撰写论文《突发事件下中职德育心理健康教育的重要性》，发表于期刊《爱情婚姻家庭教育探索》。

3. 撰写论文《"互联网＋"疫情背景下提升中职学生心理健康教育对策研究》，发表于期刊《文渊》。

4. 撰写论文《音乐教学的校园化和生活化》，发表于期刊《科普童话·新课堂》。

（二）著作

主编《爱在路上》《与爱同行》，由中国海洋大学出版社出版。

（三）科研项目类

1. 主持青岛市教育科学规划教师专项课题《疫情背景下家校共育提升中职心理健康策略的研究》。

2. 参与山东省教育教学研究课题《以提升班主任能力为导向的中职班主任发展共同体的构建与研究》。

3. 参与中国教育学会规划课题《基于教师专业发展的学习共同体的构建研究》，顺利结题。

4. 参与青岛市教育学会研究课题《乡村义务教育学校教师专业培训有效性研究》，顺利结题，获评市级优秀等次。

5. 参与青岛市教育学会研究课题《在信息技术学科"做学做"模式中提升师范生核心素养研究》，顺利结题，获评市级优秀等次。

（四）所获表彰、奖励及综合荣誉

1. 2019 年 8 月，被青岛市教育局评为青岛市首批职业学校名班主任工作室主持人。

2. 2019 年 5 月，被青岛市教育局评为青岛市教学能手。

3. 2017 年 9 月，被青岛市教育局、《青岛早报》《青岛日报》授予青岛市"最美班主任"入围奖。

（五）班主任工作获奖情况

1. 2018 年 1 月，参加青岛市教育局主办的青岛市中等职业学校班主任基本功比赛，荣获二等奖。

2. 参与开发的校本课程"家校共育 助力成长——师范生家庭教育指导"被青岛市教育局评为 2019 年家庭教育指导精品课程。

（六）所带班级获奖情况

1. 担任班主任的 2012 级 5 班被青岛市教育局评为 2015 学年青岛市先进班集体，被蒲公英公益志愿者中心授予"阳光种子奖"。

2. 担任班主任的 2005 级 3 班的团支部被青岛市教育局评为 2007 年青岛市先进团支部。

3. 担任班主任的 2000 级 4 班的团支部被青岛市教育局评为 2003 年青岛市先进团支部。

4. 担任班主任的 1997 级 5 班被青岛市教育委员会评为青岛市中等学校优秀班集体。

（七）指导学生德育类比赛获奖情况

1. 指导周晶晶完成吟诵作品《沁园春·雪》，获得中国人生科学学会等单位颁发的全国美育教学成果展吟诵一等奖。

2. 指导学生参加青岛市中等职业学校技能大赛学前教育八项全能比赛，获得一等奖，并被青岛市教育局等单位授予"优秀辅导教师"称号。

3. 在第十四届全国学生运动会"唱响会歌、筑梦青春"会歌传唱及歌手选拔活动中荣获"优秀指导教师"称号。

（八）其他获奖情况

1. 开设"驼铃"一课获得青岛市教育局评选的青岛市中小学优质课二等奖。

2. 开设青岛市公开课"嘎达梅林"。

3. 开设青岛市名师公开课"摇篮曲"。

4. 参加山东省中等职业学校教师"创新杯"信息化教学说课大赛，荣获二等奖。

5. 吟诵作品《孝经》获得全国美育教学成果展吟诵特等奖。

6. 优质课"家校共育　美在心灵"获得全国高等教育美育教研与教学成果展评一等奖。

（九）示范引领情况

1. 为青岛市家庭教育指导师培训班作题为《美学中的传统文化与家庭教育》的专题讲座。

2. 为青岛市初中班主任高级研修班作题为《正心身　顺人伦　家校共心　助力成长》的专题讲座。

3. 为平度师范学校学生家长作题为《立德树人　成就孩子》的家庭教育讲座。

4. 为平度师范学校老师作题为《畅想美好未来　正心品读经典》的专题讲座。

5. 为平度师范学校学生家长作题为《和谐家校共育　共享幸福人生》的家

庭教育讲座。

二、成员成果

（一）刘雪　山东省平度师范学校

1. 实践研究

担任班主任的 2017 小教 2 班获得"青岛市优秀班集体"荣誉称号；连续三年所带班级获得"学习优胜班级"和"优胜班集体"称号；连续三年获得学校"优秀班主任"称号；所带班级三名学生获评青岛市优秀学生，两名学生获评青岛市优秀班干部，一名学生获评山东省优秀毕业生，并在 2020 年春考以全省第一成绩考入青岛大学。

2. 理论研究成果

按照工作室三年工作计划撰写相关材料。

（1）撰写班主任工作案例。

代表案例：《为目标制定营造仪式感，形成学生发展内驱力》《青春期的异性交往问题》《做好班干部"养护"，完善班干部队伍建设》《沟通艺术是班级管理的助推器》。

（2）班主任德育论文发表于校级刊物《杏坛论道》。

代表论文：《班级德育之我见》《同心同行，家校共育》《做"麦田"的守望者》《用心守望，共赢高考》。

（3）课题研究。

参与山东省职业教育学会课题《中等职业学校家校社共育问题与对策研究》，顺利结题（2019 年 12 月）。

（4）德育课程研究。

参与编写校本课程"文德修身　晖光日新——平度师范学校校本德育课程"，荣获青岛市德育优秀课程。

（二）刘奎华　莱西市职业中等专业学校

1. 个人荣誉

（1）2022 年 6 月，被莱西市教育和体育局授予"莱西市优秀班主任"称号。

（2）2019 年 2 月，被莱西市机械工程学校聘为"学校班主任导师"。

（3）担任班主任的 2017 级机电技术应用班被青岛市教育局评为 2019 学

年青岛市先进班集体。

（4）担任班主任的 2019 级焊接技术应用三二连读班被青岛市教育局评为 2021 学年青岛市先进班集体。

（5）获得莱西市中小学德育工作典型案例成果二等奖。

（6）参与课题《新时代中职生工匠精神培育研究》,获得青岛市教学成果二等奖。

（7）参与开发校本课程"工匠是怎样炼成的",获评青岛市中小学优秀校本德育课程。

（8）开设青岛市公开课"常回家看看"。

（9）开设莱西市教学公开课"我和你"。

2. 教育科研

（1）主持山东省教育学会课题《基于 STEM 教育理念下的中职创客教育研究》,顺利结题。

（2）主持青岛市教育学会课题《中职党团共建架构"立德树人"新模式研究》,顺利结题,被评定为优秀等级。

（3）主持莱西市教育科学规划课题《依托发展共同体提升班主任建班育人能力的实践研究》,顺利结题。

（4）参与山东省教育学会课题《新时代中职生创新精神与实践能力的培养研究》,顺利结题。

（5）主持中国陶行知研究会教育科研重点课题《素读经典对提升中职学生品行素养的研究》,顺利结题。

（6）主持中国教育科学研究院课题《STEM 教育理念下中职跨学科融合教学策略研究》,顺利结题。

（7）撰写论文《浅谈中职学生思想政治教育与立德树人》,发表于期刊《教育学文摘》。

（8）撰写论文《浅谈中职音乐教学的跨学科学习与整合》,发表于期刊《现代职业教育》。

3. 辐射引领

（1）2021 年 9 月,在莱西市职业教育中心学校面向全市职业学校进行课题阶段成果汇报。

（2）2021 年 5 月,在莱西市第七中学进行课题成果推广交流。

（三）宋玮　山东省平度师范学校

三年的时光转瞬即逝,回首自己这三年的工作室和班主任工作以及取得的成绩,特作以下总结。

1. 班级荣誉

2019 年,在送走 2014 级同学的同时,我迎来了现在的学前教育专业的四十五名孩子。在孙老师带领的名班主任工作室的指导下,我们班建设了积极进取、团结互助、文明健康的良好班风,勤奋刻苦、奋发向上、勇于创新的优良学风。积极参加"十个一"项目行动计划,认真完成学校布置的各项工作任务。班级凝聚力强,积极参加学校组织的各项活动,并取得优异成绩。班级获得 2019 年 9 月校秋季趣味运动会"精神文明班级"称号、2019 年 10 月"校园体育节"班级跑操比赛一等奖、2020 年 11 月"校园体育节"班级跑操比赛一等奖、2020 年 9 月校师生秋季运动会"先进班集体""级部第一名"称号、2019 年与 2020 年校合唱比赛三等奖、2021 年校合唱比赛一等奖、2022 年 11 月校义卖活动"最佳义卖班级"称号。

班级同学之间互相帮助,具有民主、团结和向上的班集体氛围。班委具有积极向上的领导组织能力,分工制度明确;在学校和班级团组织带领下定期组织开展社会实践等集体活动,获得了学校和家长们的一致好评。班级学习目标明确,学习态度端正,学习风气浓厚,学习成绩稳步提高,在每学期的考试中居于级部第一,获校"学习优胜班级""量化先进班集体"的"双优班级"称号。2021 年获得"青岛市优秀班集体"的称号,本班李京晓同学也获得了"青岛市优秀学生"的称号。2021 年本班学生付东芝获中等职业学校国家奖学金。

2. 个人荣誉和科研

获 2019—2020 学年、2020—2021 学年、2021—2022 学年校级"优秀班主任"称号、"优秀教师"称号。

参与青岛市德育精品课程"文德修身　晖光日新　平度师范学校校本德育课程"艺术修养部分的设计编写,并获"2020 年青岛市中小学优秀校本德育课程"荣誉称号。

参与工作室课题,并发表论文《"互联网＋"背景下提升中职生应对突发事件心理健康水平策略的研究》,发表于《武当·教师之窗》杂志。

我深知自己工作能力与水平有待提高,于是在工作室的引领下,我积极参加了 2021 年班主任优质课比赛和 2022 年班主任能力大赛,在比赛过程中了解自身不足,通过各种学习提高自身素质。积极参加工作室以及"琴岛慧立"中职班主任发展共同体的各项活动,不错过每一次学习的机会,并积极参与交流。

(四)于帅　平度市职业教育中心学校

2019 年 10 月,我有幸加入了孙洪锐老师的名班主任工作室。蓦然回首,三年的时间似乎弹指间就过去了,感谢孙老师给大家提供了这个平台,同时也感谢工作室的其他老师,他们在这三年间给予了我很大的帮助,让我得到了成长和进步,现总结如下。

1. 我的班级

2019 年是我带的第一届学生升到高二的时间,他们是 2018 级建筑施工技术 3+2 班的三十名孩子,在孙洪锐老师的名班主任工作室的指导下,我的班级完成了蜕变。在思想上,班级学生积极进取、团结互助,形成了文明健康的良好班风;在学习上,他们勤奋刻苦、奋发向上,形成了勇于创新的优良学风。2021年,我迎来了我的第二届学生,他们是 2021 级建筑施工技术 3+2 班的四十八名孩子。他们积极参加学校举办的各种活动,并取得优异成绩,同时也能认真完成学校布置的各项工作任务。

2. 我参与的培训项目

序号	时间	参与的培训或研修名称
1	2021. 9	2021"互联网 +"专业发展
2	2021. 10	山东省中小学教师信息技术能力提升 2.0
3	2021. 10	教学能力大赛提升
4	2022. 1	2022 山东职业院校教学能力建设论坛
5	2022. 2	教学能力大赛交流会
6	2022. 4	让教育在活动中发生
7	2022. 7	结题漫谈
8	2022. 11	与贵以专,共同成长
9	2022. 11	新时期班主任的专业成长与职业幸福

3. 我参加的教科研活动

2021年8月4日活动感悟：听了老师们的分享，我也深有感触。"人人有特长，人人有事做"，这也是我的观点。每个人都有每个人的特点，每个人都有每个人的追求。为了自己的追求，积极向上，努力奋斗，有前进意识和向前意识，对人生的目标有责任感，自己的人生才有价值。班主任工作不是与同学们为敌，而是扬其所长，与学生同行。

2021年8月13日活动感悟：胡老师结合中国传统文化和班主任能力比赛生动地诠释了班主任专业成长之路。"一个好的学科老师不一定是一个好的班主任，但一个好的班主任一定是一个好的学科老师。"这个观点我非常认同。铸魂育人体现在学生成长的每一个阶段，学生在学科的学习和渗透中逐渐成长。班主任更应该搞好学科教学，渗透课程思政思想，在社会主义核心价值观的指导下结合学生新的发展需要，将学科教学和班级管理有效结合，做好学生的引路人。

2021年9月28日活动感悟：中职学生是一个复杂、特殊的群体，需要班主任有大爱和大智慧。十几年如一日坚持做班主任的职校老师，心里一定充满阳光！今晚参与分享的三位老师，分别从不同角度呈现了对教育的热心、用心和爱心。教育是讲情怀有温度的，当老师一心为学生着想，一心为学生奉献，学生一定会慢慢感悟，进而感动，终会感恩。

2021年11月19日活动感悟：我听了刘桂美老师关于课题申报及实施的分享非常受益，对班主任课题方面的了解有所加深，而且感觉课题申报和研究生写论文的一些步骤比较相似，尤其是在文献综述方面。李芳芳老师所讲述的关于学生心理问题方面的剖析十分精准，使我感同身受。最后丁俐老师分享了四个主题班会实施，设计别出心裁，环环相扣，又能够切实实施下去，为我的班会设计带来了很多思路，我会在之后的班会中多摸索，向丁俐老师学习。

4. 我参与的课题

参加课题《"互联网＋"背景下的中职德育教学研究》。

5. 我发表的论文

撰写并发表论文《中职建筑工程施工专业"任务驱动法"教学模式的实践路径分析》。

6. 我召开的主题班会

时间	班会内容
2021.5	做时间管理的主人
2021.9	新冠疫情防范
2021.12	感恩 2021
2022.4	感恩父母
2022.7	防溺水安全
2022.10	祝祖国母亲生日快乐
2022.12	人生不是单行道

7. 我的荣誉称号及获奖证书

时间	获奖情况
2018	平度市教学能手
2020	平度市学科带头人
2020	平度市优质课二等奖
2020	青岛市"一师一优课"三等奖
2020	青岛市交流课
2020	青岛市教学能力大赛三等奖
2021	青岛市优质课一等奖
2022	青岛市"一师一优课"二等奖

8. 我辅导学生获奖情况

序号	学生姓名	获奖内容	获奖级别	获奖时间
1	王海涛	青岛市技能大赛一等奖	市级	2017
2	曲通	全国技能大赛二等奖	国家级	2018
3	杨涛	青岛市技能大赛二等奖	市级	2018
4	张晓涛	全国技能大赛二等奖	国家级	2019
5	孙豪杰	青岛市技能大赛二等奖	市级	2019
6	孙科扬	全国技能大赛三等奖	国家级	2019
7	许增岩	青岛市技能大赛三等奖	市级	2020
8	于斌	青岛市技能大赛二等奖	市级	2021

(五)张华　莱西市职业教育中心学校

我是莱西市职业教育中心学校一名普通的英语教师。自1996年任教以来，我工作勤奋踏实，一步一个脚印地履行着一个教师的神圣职责。这些年来，在校领导和同事们的深切关怀下，我不断努力，一直在成长。

1. 热爱学生　为人师表

工作26年来，我始终坚信"没有爱的教育不能称之为教育"。爱是源泉，爱是力量，爱是智慧，所以我一直用自己的心去温暖关爱每一个学生，用宽容的心去对待学生的每一个小过错，用欣赏的目光去关注学生的每一个闪光点。

"让每一片绿叶充分享受到阳光，让每一个孩子都能茁壮成长。"这一直都是我的育人准则。古人说："亲其师，才能信其道。"一个教师只有处处以身作则，成为学生的表率，才能更好地完成教学工作。因此，在工作中，我特别重视提高自身的人格魅力，用实际行动去影响和教育学生。课堂上，发现有同学趴在课桌上，我会走到他的身边，轻拍他的肩膀，善意地提醒他，并关切地询问他的身体状况。发现有的学生学习退步了，我会立即找其了解原因，寻找对策。

当然，每一个班里都会有一些调皮捣蛋、学习成绩落后的学生，他们常常会被投以冷漠或厌恶的眼光。但是，在我看来，无微不至的关怀似乎比讽刺和挖苦更能令他们进步，因为每一个人的内心都渴望被外界、被他人肯定。所以我会经常用鼓励和表扬代替随意的责备和批评，用谈心和交流帮助他们重拾学习的信心。事实证明，这种做法非常有成效，汽修专业的展铭彦就是一个例子。2019年2月26日，2018级高职班正式组建。进入高职班的第一次期中考试，展铭彦同学的英语成绩只有36分，是全班的最低分，也是唯一的一个不及格。为了帮助展铭彦同学提高英语成绩，我首先进行了家访，了解了他的家庭情况：家庭幸福，父亲开了家租车公司，母亲两年前退休了，姐姐非常优秀，在广州读医科大学。当时，他的母亲当着展铭彦的面向我诉苦："老师，您说，他姐姐学习那么好，他怎么就不如他姐姐呢？"我马上阻止她，她这样说是不对的，每个孩子都有自己的优点或不同之处。展铭彦就在我和他母亲的身旁一言不发，可是在他的心里已经对我的回答作出了自己的判断。此后的展铭彦对待英语非常认真，两个多月后的期末考试，他终于及格了！66分！我在全班同学面前"狠狠"地表扬了他，尽管他的英语成绩在班级仍是最后一名。到了高三，每次月考，英语满分80分，他都能得48分以上，成绩相当稳定。2020年5月8日，展铭彦同学参加了职教高考,英语竟然得了 60 分!两年多以来,他通过不懈的努力,实现了完美逆袭。

算起来,从事班主任工作也有十一年了,每天我都坚持早到班,迟下班,及时关注学生的思想动态,对生活上有困难的学生给予帮助,对学习上有困难的学生给予指导。2018 级国际贸易专业的张玉同学,长得娇小可爱,一双亮晶晶的眼睛总是紧紧地盯着我。进入高职班后,我发现她在与同学的交往中显得过于强势,与她聊天时发现:她只有父亲一个亲人,父亲 50 多岁了,非常宠溺她,特殊的家庭环境导致她性格强势。我告诉她,良言一句三冬暖,与人交往重在真诚友好,她若有所思地点点头。此后她慢慢改变自己的说话语气和对同学们的态度,终于被大家接纳。2020 年,张玉同学由于德、智、体、美、劳全面发展,被评为"山东省优秀学生"。由于班级凝聚力强,各项活动突出,我们班于 2019 年 7 月被评为"青岛市先进班集体";2021 年 3 月,我们班再获"山东省先进班集体"的殊荣。

感人心者莫先乎情,在我的耐心教育和真心付出下,师生之间的距离渐渐地近了,学生对我也越来越信任了。他们慢慢地不再觉得中职生前途渺茫,在我的不断督促和鼓励下,牢牢把握住了自己的人生方向,或参加高职升学继续深造,或参加社会实践辛勤工作,脚踏实地地追逐着自己的梦想,也慢慢地实现了自己的梦想。从教二十六年来,我教过的很多学生现在已然是经理或老板,每年的教师节,我都会收到许多来自天南海北真诚的祝福。这是我最幸福的时刻了。

2. 注重学习　勤奋钻研

腹有诗书气自华。教师为师之日,正是重新学习之时,学海无涯,业务研究更无限,学生正处于人格塑造时期,社会文化中的价值取向、理想和信仰、道德情操、审美情趣等都会从教师的角色中折射出来。为了给学生做榜样,我必须坚持学习,唯有不断学习,才能永远保持一颗鲜活的心灵。"给孩子一杯水,自己先得有一池的活水。"每年,我会自费购买许多教育教学的期刊。读书,是我必做的功课。2019 年 5 月,我申请加入青岛市名班主任工作室,8 月接到通知,成功加入孙洪锐名班主任工作室。2019 年 11 月 23 日,我随工作室另外四位老师来到河北衡水二中,虚心求教。在一年多的时间里,我先后拜读了魏书生老师的《班主任工作漫谈》和朱永新老师的《致教师》,对自己的班主任工作有了新的认识,也更加相信自己一定能干好教学工作和班主任工作。

另外,作为一名英语教师,我持之以恒地主动学习课改理论,掌握新课标的基本精神,坚持课堂教学改革,不断探索课堂教学新方法。课前,我非常重视备课,在备课中一直要求自己要做到"五备",即备教材、备学生、备教法、备教学用语、备板书;课中,我激情投入,处理好教学的各个环节,使课堂具有吸引力,激发学生的学习兴趣;我有意识地让学生参与到课堂中来,循序渐进地培养学生的英语素养。我注重把深的讲浅、把难的讲易、把易的讲透,把看似平常的问题讲得有意思。久而久之,许多学生对英语学习的兴趣越来越浓厚。课后,我认真反思自己的教学过程,听取学生的意见和建议,分析成功之处或欠缺所在,制订更合理的改进措施。

自1996年工作以来,我担任过备课组长,教毕业班多年,在2017年莱西市优质课比赛中获得了二等奖,2019年荣获了"莱西市教学能手"称号,多次被评为校级骨干教师、优秀教师、优秀班主任。

3. 恪尽职守 心怀大爱

从事教育教学工作以来,我恪尽职守,任劳任怨,教书育人,诲人不倦。时时以一个优秀教师的标准来要求自己,工作勤勤恳恳、兢兢业业,从不迟到早退。热爱学生、团结同事,在平凡的岗位上做出了不平凡的业绩。

2020年9月1日,2018级学生正式进入高三了,学习气氛开始变得紧张起来。我对一轮复习做了"一刀切",每个单元的单词、短语、句子的听写必须达到满分,如果某个同学不能达到满分,必须尽快找我再把失误的知识点挨个儿过关。整个一轮复习过程非常痛苦,因为每天都得听写,每天都有一群需要过关的学生排着队,多达30几个,少则20几个。花名册密密麻麻,打满了√或×。等到每个学生都顺利掌握了知识点,我的嗓子哑了,嘴唇也干了,但心里为孩子们的进步感到高兴、欣慰。2021年暑假,职教高考成绩揭晓了,我班29名同学有20个人收到了大学本科录取通知书,我真心为孩子们感到骄傲,谁说中职的孩子不如普高的孩子?只要足够努力,他们一样可以进入本科院校深造,四年后会成为社会上不可或缺的建设人才。

自2015年11月起,我在朋友的指引下开始接触莱西的蒲公英公益组织,此后经常参加蒲公英的公益活动,先后去吕格庄社会福利中心、欣颐养老护理院、绕岭敬老院、周格庄圆顺琪养老院、万家居养老院和馨家园敬老院等包饺子30多次,不仅自己献出一份爱心,还经常带动身边的家人、朋友、同事甚至学生一起参与其中。2018年9月,由我牵头在学校组建了第一批志愿者团队,每年重阳节到万家居养老院给老人们送去节日祝福,引导学生们在奉献爱心的同时,感受帮助他人的快乐,让孤寡老人或残疾人感受到来自社会大家庭的温暖。

回首过去,有付出的艰辛,也有收获的喜悦。2022年暑假尾声,我接到了领导的电话,让我接手一个全部是男生的机电班,顿感压力很大。开学三个月来,每天的工作总是那么烦琐细碎,感觉疫情防控下的校园格外沉重。幸亏工作室给了我这样一个沉淀总结的机会,让我能强制自己静下心来,反思自己20多年来的教学工作及班主任工作。作为一名普通得不能再普通的班主任,我知道自己肩上的担子有多重,要走的路还很远,我将继续凭借毅力与智慧,在职业教育这块责任田里辛勤地耕耘,默默地奉献,为了莱西职业教育更美好的未来,义无反顾、勇往直前!

(六)张家跃　山东省平度师范学校

班集体建设是落实立德树人根本任务的重要基础和有力抓手,加入名班主任工作室以来,我深刻认识到班主任工作对学生的成长和发展意义重大。三年来,作为青年班主任,我从蹒跚学步到行稳致远,教育学生优秀做人、成功做事、幸福生活。现对这三年的工作室和班主任工作作一下总结。

1. 荣誉殿堂

作为2017级学前3班班主任,我有幸于2019年加入孙洪锐青岛市名班主任工作室。

作为青岛市先进团支部、学校先进班集体、学习优胜班级,"勤思乐学　团结拼搏"的班风学风让我们的班级取得了一个个优异的成绩,以践行"十个一"项目行动计划为育人主线,班集体建设更进一步。

艺术教育的终极目标是以美储德,以美益智,以美健体。学生认真学习舞蹈创编、声乐弹唱、书画、手工等课程,并根据自身特长加入合唱团、圣舞社、手风琴队、民乐社等学生社团,熟练掌握受益终身的艺术技能。在孙洪锐老师的指导下,我们荣获青岛市第二十九届中小学生艺术节班级合唱展演一等奖,学校舞蹈创编大赛一、二、三等奖和最佳道具设计奖,"踏歌追梦"合唱比赛第二名和最佳创意奖,学生绘本被收录在图书馆STEM教育空间,11名学生作为手风琴队员在山东省基础教育美育成果汇报演出惊艳亮相。此外,学生还考过了钢琴十级、电子琴十级、中国舞十级、软笔书法八级等,班级艺术氛围特别浓厚。

体育活动是以女生为主体的班集体的短板。学生根据季节特点自主开展羽毛球、踢毽、篮球、花样跳绳等活动,在学校春季运动会中取得冠军,获得"精神文明先进班级"称号。董超参加青岛市中小学生乒乓球比赛获得职高组总分冠军、男团亚军、混双季军,王乐被认证为体育舞蹈国家二级教师,国旗护卫队队长孙树萍负责组织每周升旗仪式。

科学素质是国民素质的重要组成部分,是社会文明进步的基础,我在班集体建设中特别重视科技创新教育。胡君妍、高蓉、董瑞堃、朱晓丽作为校园电视台、广播站骨干力量,常年为学校提供技术支持。孙艺作为学术交流中心礼堂技术负责人,为学校大型活动提供服务。航模社社长董超带领全校进行航空模型训练,获得青岛市科技航模竞赛三等奖、团体第三名,本人作为辅导教师获得优秀组织工作者和辅导教师一等奖。5 名同学在中国美协会员朱文松老师的指导下获得青岛市创客大赛二等奖。在学校 STEAM 创客节上,学生创作的舞蹈道具获得最佳道具设计奖,16 名同学的科技小制作和微视频作为展品进行展示。

毕业季,我们迎来依依惜别和丰收的喜悦。46 名同学全部明确了升学和就业方向,其中 8 人考录各区事业编制,7 人升入本科院校继续深造,1 人参军入伍,505 宿舍全员上岸的喜讯得到《人民日报》《青岛晚报》、今日头条等媒体报道。付亚欣、孙艺获得"山东省师范类优秀毕业生"称号,3 人获得国家励志奖学金,12 人获评优秀毕业生、优秀学生干部。

2. 个人荣誉和科研方面

我获得了 2019—2020 学年、2020—2021 学年、2021—2022 学年校级"优秀班主任""优秀教师""优秀教育工作者"等荣誉称号;获"中国少年科学院优秀科技教师""青岛市科技航模优秀组织工作者""青岛市中小学生科技节优秀辅导教师"等荣誉称号,入选青岛市科技教育"双百"工程培育。

在工作室的引领下,我获得青岛市第三届班主任基本功大赛三等奖、青岛市青年教师基本功大赛二等奖、青岛市技能大赛教师能力比赛二等奖;积极参加工作室以及"琴岛慧立"中职班主任发展共同体的各项活动,承担工作室微信公众号策划管理工作,全程参加了工作室和共同体的全部活动,积极参与交流互动。

我主持立项青岛市教育科学"十四五"规划一般课题 1 项;作为立项书和结题报告核心作者参与中国教育学会课题 2 项、山东省教育教学研究课题 2 项、山东省职业教育教学改革研究重点项目 1 项、青岛市规划课题 3 项;获得山东省职业教育教学成果二等奖、青岛市教学成果特等奖、青岛市科研成果一等奖和二等奖。

我在《教育》《经济与社会发展研究》《高中数理化》期刊发表论文 3 篇,参与国家"十四五"规划教学参考书《化学教学参考书》《化学学习指导与练习》的编写工作。

学高为师,身正为范。五年的班主任工作经历让我体会到教师职业的高尚与可贵,也坚定了为教育事业奋斗的初心使命。送别 2017 级 3 班,我继续担任 2022 级小教 1 班班主任,"教学相长　同舟共济"的班风学风让班集体建设行稳致远。三年来,孙洪锐老师对班主任工作始终保持深邃的洞察和充沛的热情,在日常德育工作、班主任大赛、教研科研中大力提携了作为"小白"的我,让我扣好了教师生涯的第一颗扣子。我将以此为职业生涯的宝贵经验,站在巨人的肩膀上,站得更高,看得更远。

（七）邢赛　山东省平度师范学校

1. 个人荣誉

（1）2021 年 11 月,被青岛市教育局授予"青岛市教学能手"称号。

（2）2021 年 7 月,被中共青岛市委教育工作委员会授予"青岛市教育系统优秀党务工作者"称号。

（3）2019 年 4 月,被共青团青岛市委授予"青岛市优秀共青团干部"称号。

（4）2016 年 5 月,被共青团青岛市委、青岛市青年志愿者协会授予"青岛市青年志愿服务先进个人"称号。

（5）2018 年 11 月,被青岛市国防动员委员会综合办公室、青岛市教育局授予"军训工作先进个人"称号。

（6）指导学生参加青岛市中等职业学校技能大赛幼教美术项目获得一等奖,被青岛市教育局授予"优秀辅导教师"称号。

（7）指导学生参加青岛市高中生辩论赛,被共青团青岛市委、青岛市教育局授予"优秀指导教师"称号。

2. 科研

（1）参加科研项目"'双链融合 三段贯通'乡村卓越教师培育模式研究与实践"，获得山东省教学成果二等奖。

（2）参加科研项目"师范学校 STEM 教育人才培养模式研究"，获得青岛市科研成果二等奖。

（3）参加中国教育科学研究院课题《师范生 STEM 教育实施能力培养的策略研究》，顺利结题。

（4）参加中国职业技术教育学会课题《"三全育人"模式下校内外因素的整合研究》，顺利结题。

（5）参加青岛市教育学会课题《五年制高等学前教育专业舞蹈教学与岗位对接的探索研究》，顺利结题，被鉴定为优秀等级。

（6）参与开发校本课程"文德修身 晖光日新"，获评青岛市中小学优秀校本德育课程。

（7）参与开发校本课程"校园九型人格与学生心灵成长"，获评青岛市中小学精品课程。

3. 经验交流

邢赛在青岛市教育局局属学校新考录教师岗前培训班（第二期）作班主任经验交流分享。

4. 其他获奖

（1）制作的课件《预防传染病》在山东省教育教学信息化大赛中获得二等奖。

（2）担任班主任的 2014 级 4 班获评青岛市五四红旗团支部，获得青岛市班级合唱比赛二等奖。

（八）张洪敏 平度市职业教育中心学校

三年的名班主任工作室学习生涯已经到了尾声，收获颇多，成长可见。回首自己这三年的工作室和班主任工作以及取得的成绩，特作以下总结。

1. 班级荣誉

2019 年，我班主任工作生涯中带的第一个五年贯通班时值三年级，虽然已经三年级，仍感觉困惑多多，在孙老师带领的名班主任工作室的指导下，我积极调整工作方式方法,学以致用,在四年级和五年级的班级活动和班级工作过程中取得了很大的进步。班级凝聚力强,我们班积极参加"十个一"项目行动计划和学校举办的各种活动,认真完成学校布置的各项工作任务。班级取得"平度市优秀班集体"的荣誉称号,2019 年 9 月获校秋季趣味运动会"精神文明班级"称号,2020 年获校合唱比赛优秀奖。班里有四名同学在大专段获得青岛职业技术学院奖学金。2020 年,在 16 级贯通班顶岗实习的同年,我又带了第二个五年贯通班——20 级学前一班,也就是"为学班"。受益于工作室的学习成果,我在 20 级的班级管理过程中可谓得心应手,从容不迫,师生关系融洽、亲密,班级风气尤为正气,得到领导和同事的一致好评。

2. 个人荣誉和科研方面

(1)2019 年 11 月,被平度市教育和体育局授予"学前教育学科带头人"称号。

(2)开设了青岛市公开课"嘎达梅林"。

(3)所设课程被平度市教育和体育局评为平度市职业学校优质课一等奖。

(4)撰写论文《中职教学中如何渗透有关幼儿健康心理教育》,发表于期刊《教育科学》。

在工作室的引领下,我积极参加了 2019 年班主任能力大赛,在比赛过程中了解自身不足;跟着孙老师到衡水的学习更是见到了全国著名的班主任工作者以及他们优秀的做法。我积极参加工作室以及"琴岛慧立"中职班主任发展共同体的各项活动,不错过每一次学习的机会,并积极参与交流。

—第三章—

辐射篇

第一节
正身心　顺人伦　家校同心　助力成长
记青岛中职名班主任工作室主持人孙洪锐讲座活动

2021 年 4 月 28 日下午,"青岛市初中骨干班主任培训"活动在青岛市中小学教师培训中心举行。期间,青岛中职名班主任工作室主持人孙洪锐老师受邀作了题为《正身心 顺人伦 家校同心 助力成长》的讲座。讲座上,孙洪锐老师以一句"任何事业上的成功都抵不过教育孩子的失败,成功的育儿就是对自己后半生幸福的最好投资"这样的寄语拉开了序幕。

此次讲座活动的内容分为以下三个方面。

一、个人成长篇

首先,孙洪锐老师在"个人成长篇"中通过故事分享指出,"道"是灵魂,是方向,是指导思想,德育的"道"即德育的核心与灵魂——爱与责任。欲得其法,必正其道也。心态决定行为,而行为最终又主导着命运。孙老师说一个好的班主任必须具备的一项品质就是能对学生全心全意和无怨无悔地付出。这一闪耀的特质在孙老师的身上显得格外真切。他以亲身的体验、一个个鲜活的实例,深入浅出地向各位班主任们阐述了一个理念——大家需要有一个"行有不得者皆反求诸己"的心态,更需要有坚定的道德信仰。随后孙洪锐老师又深入地剖析了"人之道、自然之道、人与自然之道、事物发展变化之道","道"即超越时空的自然运行法则。顺从大自然的法则,不违背做人的原则,此谓"德"。讲座可谓是干货满满!

二、家庭伦理篇

孙洪锐老师在家庭伦理篇中强调了家庭教育的重要性。家庭教育一直在幕后影响孩子的学校生活,家庭教育是学校教育永远的背景和底色。国家"十二五"重点课题调查研究发现:家庭教育占孩子教育影响因素比重达51%,而学校教育占孩子教育影响因素比重只达35%。因此不难看出家庭教育才是教育之树的根基,故而把握家庭教育的"道"尤为重要。这就不得不提到"五伦"中的"父慈子孝"和"夫妇有别"。

(一)父慈子孝

孙洪锐老师风趣幽默地向大家说到"孝"这个字,是会意字,是古人智慧的结晶。这个字上面是"老"字头,下面是"子","孝"字的字形就诠释了它的真谛,说明老一代和子一代是融成一体的,这就是"孝"。父母的爱是天生的,孩子的孝是需要培养的。孙洪锐老师引经据典,用生动形象的真实教育案例并结合自己和女儿的沟通成长经历,说明成长比成绩更重要,每个孩子都是独一无二的,亲子关系状况决定了教育孩子的效果,将讲座推向了高潮。

首先,家长应该培养一个有孝心的孩子,一个有道德的孩子。一个懂得孝道的孩子,他一定会好好地学习,积极乐观地生活。想想平日生活中,家长往往觉得学业重,就不让孩子承担家务,孩子没有参与到家庭的各项事务中,又怎能体会到父母的辛苦,自然不会体谅父母。从日常生活中培养孩子的孝心,当孩子能在日常生活的一些小细节上有良好表现时,家长就不用再为他的生活操心,从某种程度上来说,这也能体现出孩子的孝心。教孩子勤俭节约,珍惜父母的血汗钱;教孩子冬温夏清、昏定晨省;告诉孩子外出时,要让父母知道自己去了哪里;让孩子饭后收拾餐桌,刷碗筷。我们要教孩子自己做事,让他学会照顾自己、懂得替父母分担,从而使他成长为一个勇于担当、孝顺父母的人。随着年龄的增长,孩子的心理也在不断的感知、磨炼中逐渐成熟,实时引导孩子有爱心、正能量、乐观积极,对孩子一生的成长很重要!

"每个孩子都是独一无二的。要了解差异,学会积极期待",孙洪锐老师说。要承认差异的客观存在性,尊重孩子的差异,接纳孩子的差异,善于发现并了解孩子的差异,根据孩子的特点采取相应的措施,利用好孩子的差异,培养有突出个性的人,提倡"哪壶开了提哪壶"。不与别人作比较,在成绩面前肯定和鼓励是最重要的;在人际交往方面以正确的三观为引导,蹲下来真正地和孩子做朋友,分析事发的原因,想出应对的办法。做父母要克服心浮气躁,管理好情绪,努力保持一颗平常心,冷静、有耐心、有毅力,这些品质往往会潜移默化地植入孩子的内心。你认为你的孩子笨,他就笨一辈子给你看;你认为他聪明,他就聪明一辈子给你看。

孙洪锐老师提出:"亲子关系是家庭教育成败的关键。良好的亲子关系+规矩＝响应,恶劣的亲子关系+规矩＝叛逆。"当孩子遇到麻烦或危险的事情时,看他是否敢于和父母说。对此,有效的亲子沟通方法就必不可少。日常沟通主要包含语言和行为两种方式,主要的三个要素是语言、语气、肢体。三者产生效果的比例是 7%:38%:55%。

接着孙洪锐老师特别向大家推荐了四句与孩子沟通的有内涵有深度的话:学校有什么好事发生吗?今天你有什么好的表现?今天有什么收获吗?有什么需要爸爸妈妈帮助吗?这几句话从价值观、激励、确认、关心几个角度通过巧妙的语言和孩子进行了有效的沟通。除了日常沟通,家长们还要正确掌握三种以上基本教育理论,做不断学习的家长。家长要研究孩子特点,了解孩子学习阶段的情况,密切专注孩子的变化和需求,为孩子的成长保驾护航,真正扮演好合格的监护人角色。

(二)夫妇有别

父母扮演着养育者、示范者、引导者、支持者的角色。父母是孩子的第一任老师,父母心中有榜样,才能成为孩子的榜样。父母首先得明白自己应该做什么、不该做什么、该做的事又该怎么去做。这些,孩子都用"心"在看着呢!只有弄清楚这些,注意到"说一千遍不及做一遍"的道理,才能有效地给孩子做榜样。比如,希望孩子养成读书的习惯,自己就要每天晚上都拿出时间读书,并进行简单的摘抄。在家庭教育中,母亲是爱和情绪的核心,父亲是原则和底线的核心。家庭教育的根本问题就是男人的责任(陪伴)和女人的智慧的问题。所以夫妻关系很重要,父母是孩子的大树,是孩子的靠山,没有父母就没有家,更谈不上良好的成长环境。和谐融洽的家庭氛围有利于孩子学会待人接物的正确方式,从而形成对孩子健康心理的有力保障,做好对孩子将来美好婚姻的启蒙。

三、班级管理篇

孙洪锐老师就班级管理分四个方面分享了自己的心得。

(一)明确新时代班主任工作面临的新挑战

班主任面临着时代发展带来的知识更新、市场经济下的价值观的改变等来自社会的挑战,也面临着学生忧郁等心理疾患、学生行为习惯有违常态规范和喜好大胆怪异的来自学生的挑战。

(二)明确新时代青少年的特点与存在的问题

当代青少年具有不崇拜权威、不轻易服从、不迷信宣传的特点,还具有缺乏远大志向、不能吃苦耐劳、意志退化、不懂感恩、缺乏信念支撑、精神软化、课外生活低俗化等各种各样的问题。

(三)注重实践反思,提升专业发展

孙洪锐老师提议在实践中强化自己的教育信念,在反思与总结中提升自己班级建设、教育科研、自主发展的实战能力。首先,帮助孩子树立健康、正确的三观,养成良好的习惯。其次,帮助孩子拥有良好的心态,培养积极主动的执行力,逐渐形成独具特色的健全人格。

同时孙洪锐老师提出了班级管理的几点感悟:有效实施集体教育,同时做好个别教育。通过集体活动培养学生的集体责任感,培养学生在集体中的适应能力,培养团队精神和协作意识。对优秀学生严格要求、客观评价,进行挫折教育;对中等生因材施教、挖掘潜力,以目标激励;对后进生要让其重拾信心,班主任要做到以德服人、以理服人、以智导行。

(四)注重家、校、社共育,开展有效沟通

讲座的最后,孙洪锐老师总结自己的感悟:"家庭教育是一个人成长最重要的因素,是一个人成才的基础。学校教育是家庭教育的延续、补充和有效的提升。社会教育是家庭教育和学校教育的实践和检验。有效进行家、校、社沟通与合作,可以使一个人的成长之路更加一帆风顺。"亲子关系是家庭教育成效的关键,同样师生关系也是学校教育成效的基础。良好的师生关系+规矩=响应,恶劣的师生关系+规矩=叛逆。所谓'亲其师,信其道'。同时孙洪锐老师补充道:"开好家长会是家校共育的重要环节,是孩子成长的重要条件。"

孙洪锐老师就个人成长篇、家庭伦理篇、班级管理篇三个环节进行了汇报,令在座的同行们连连称赞!此次讲座圆满落幕,孙老师的分享让班主任们受益匪浅。虽然班主任工作艰辛而烦琐,但面对一个个鲜活的生命,相信只要我们用满腔的热忱、满满的爱心与真心去浇灌,用爱和奉献去呵护,砥砺前行,一定能够点亮彼此心中的明灯,品尝到幸福的滋味。

第二节
班主任工作理念之与时俱进

记青岛中职名班主任工作室主持人孙洪锐经验交流

　　去年我有幸到南开大学进行为期一周的班主任培训,期间听取了来自南开大学的管健、曹瑞等教授的专题讲座,他们的讲座具有很强的针对性和浓厚的时代特征。期间,我和学生处王晓辉主任等人进行了深层讨论,体会到:现在的班主任工作必须与新时代接轨。结合自己二十多年、经历八届学生的班主任工作实践,我深刻感受到班主任工作的时代变迁,认识到班主任工作必须与时俱进。

　　习近平总书记指出:"为中国人民谋幸福,为中华民族谋复兴,是中国共产党人的初心和使命,是激励一代代中国共产党人前赴后继、英勇奋斗的根本动力。"而身为班主任,我们工作的初心和使命又是什么呢?

　　为更好地响应党的号召,我们应该把帮学生拥有幸福的人生作为初心,把帮助学生实现人生的梦想为使命。

　　班主任工作要与时俱进、不忘初心、牢记使命就必须做到如下几点。

一、明确和面对新时代的新挑战

(一)来自社会的挑战

1. 时代发展带来的知识更新的挑战;
2. 市场经济下的价值观挑战。

(二)来自学生的挑战

1. 学生行为习惯有违社会的传统道德规范,冲击班级常规教育;

2. 学生忧郁、焦虑、性意识启蒙等心理问题,面对学业压力、信息刺激等产生的情绪问题,给班主任带来新的挑战;

3. 学生喜好大胆怪异,挑战班主任的价值观。

二、明确当代青少年的特点与存在的问题

当代青少年的特点:不崇拜权威,不轻易服从,不迷信宣传。

当代青少年的问题:缺乏远大志向,理想异化;不能吃苦耐劳,不能经受风雨,意志退化;不懂得感激生活,感恩父母,情感荒漠化;缺乏信念支撑,精神软化;沉迷于电子游戏和网络聊天,课外生活低俗化;身体虚弱,体质弱化;性格脆弱,心理贫瘠化;厌烦学习,课外读书卡通化。

三、不断完善自我,促进专业发展

(一)在实践中加强自己的教育信念

教育信念是班主任发展的内在动力。班主任是班级的组织者和领导者,是学校实施管理的助手,是各任课教师的纽带,同时又是沟通学校教育和家庭教育的桥梁。班主任只有在不断的工作实践中才能有效地加强教育信念,树立正确的学生观,培养优秀专业素养。

在这里,"实践"有两层含义:一方面要亲身体会、参与班主任工作,只有亲身经历了,才能真正明白班主任工作的价值和意义,才能真正感受到班主任工作的美妙和伟大;另一方面,在班主任工作的实践中,要不断地学习和完善自我,不断进行专业化提升,使自己在成长的过程中由经验型向研究型发展,并及时地将学到的理论知识应用到实践中去。

总之,班主任工作专业化提升,不仅要知道,还要悟到,更要做到,而后才能真正地得到。

(二)在反思与总结中提升自己班级建设、教育科研、自主发展的实践能力

子曰:"己所不欲,勿施于人。""己欲立而立人,己欲达而达人。"孟子曰:"行有不得者皆反求诸己,其身正,而天下归之。"班主任只有在实践中不断地反思,在反思中不断地总结提升,在提升中进一步实践,才能提高自身的教育管理专业能力。

班级建设是班主任专业发展的重要方面。对于五年制幼师专业的学生,专业特点决定了这帮学生活泼可爱、健谈好动的性格,五年的时间也正是他

们从少年成长到青年的重要时期,好的班级建设对于学生的健康成长尤为重要。

班主任要精心选拔培养优秀的班干部,并指导他们提高独立工作的能力。既要防止包办代替、不大胆放手,又要防止大撒手、不及时引导教育。对班干部,既要交给任务,又要教给办法;既要热情鼓励,又要严格要求;既要在培养中使用,又要在使用中培养。

其次,注重培养良好的班风,注意舆论倾向,加以正确引导。有目的、有意识地组织和吸引学生参加各种集体活动,把握学生自我教育的时机,用榜样的力量感召正能量。

预防+引领+帮助=实现梦想;

班委+班规+班风=班级文化。

注重常规班会与主题班会在班级建设中的有效应用及作用。

四、注重家、校、社共育,展开有效沟通

家庭教育是一个人成长最重要的因素,是一个人成才的基础。学校教育是家庭教育的延续、补充和有效的提升,而社会教育是家庭教育和学校教育的实践和检验。有效进行家、校、社沟通与合作,可以使一个人的成长之路更加一帆风顺。

教师与家长、学生沟通的时候要注意相互之间的尊重信任,并且注意用心聆听、换位思考和求同存异,从而达到家、校之间的有效沟通。

班主任工作是一个长期而复杂,需要与时俱进的过程,在此,我和年轻的班主任分享几个观点,互励共勉。

① 把心静下来,首先端正工作心态,把学生放进心里。

② 少一份抱怨与指责,多一份尊重与信任,一切问题的解决,源自良好的关系;形式固然重要,兼容并蓄的真心更必要。

③ 一个人的成功不是因为你得到什么,得到了多少,而是你付出了什么,帮助了多少人。

④ 爱,是好老师的第一素养;老师情真,才能以情动情;老师心热,才能点燃智慧的火花;老师志远,才能为学生开拓美好的未来。

愿和同仁们一起在爱的呵护下,不忘初心,牢记使命,坚定信念,勇往直前,为人民谋幸福,为祖国育栋梁,早日实现中国梦。

第三节
浅析美育　静悟人生

山东省平度师范学校　孙洪锐

　　《中共中央关于全面深化改革若干重大问题的决定》（简称《决定》）中有关教育改革的内容提到：深化教育领域综合改革；全面贯彻党的教育方针，坚持立德树人，加强社会主义核心价值体系教育，完善中华优秀传统文化教育，形成爱学习、爱劳动、爱祖国活动的有效形式和长效机制，增强学生社会责任感、创新精神、实践能力；强化体育课和课外锻炼，促进青少年身心健康、体魄强健；改进美育教学，提高学生审美和人文素养。《决定》中对德、智、体方面的要求分别用了"坚持""加强""增强""强化"等动词，这里显然是对德、智、体给予了充分的肯定，唯独对美育用了"改进美育教学，提高学生审美和人文素养"的表述，为我们以后的美育教学指明了方向，意义重大。习近平总书记在党的十九大报告中多次提到"美好生活""美好未来""美丽的社会主义现代化强国""美丽中国""美丽世界"……将"美丽"写入社会主义现代化强国的目标。这是鼓励我们这一代要将建设美丽中国、美好生活的使命扛在肩上。要完成这个使命，首先要解决美育自信的问题。

　　现代著名文学家、艺术家木心先生说："没有审美能力是绝症，知识也救不了。"蔡元培先生曾提出"以美育代宗教"。那么何为美育？为何学？学什么？怎样学？美育的历史脉络、性质范围、核心和现实的教育意义是什么？带着诸多的问题，我于2017年12月走进全国第三届美育大会。这是我第三次参加全国美育会议，在收获饕餮美育盛宴的同时，也有着深深的触动，感觉这更是一次心灵提升的盛典。

会议的主办单位由全国美育联盟、中国人生科学学会美育研究会、中国音乐家协会音乐教育协会、中国美术家协会美术教育委员会组成,赣南师范大学协办。大会认真学习和贯彻了党的十九大精神和习近平总书记的重要讲话精神,呈现了我国美育在近年来崛起奋发的整体态势,并推出了美育研究的最新理论成果,突出了学校美育的实践性特征和体验性特点,梳理了我国美育的优秀传统文化根脉,探索了具有我国文化特色的艺术审美、人文审美和美育践行。会议邀请了我国美育界具有世界代表性的专家和教授,共同搭建了中国美育高端、权威、广泛、活跃的学术研究与经验交流平台。

会议邀请了中国美育网总编辑李田教授,中国音乐学院、教育部艺术教育委员谢嘉幸教授,中国人民大学博士生导师王晓旭教授,西南大学博士生导师、政府特殊津贴享受者赵伶俐教授等几十位入会专家,他们虽已近古稀,但让在场的所有人深深地感受到了他们本身就是美的化身、美的使者,是我国美育史上一块块不朽的丰碑。他们在我国美育史上的奉献精神和榜样作用,使每位入会者深感肩上责任重大,内心的使命感油然而生。

一、美育浅析

(一)美育史与人类文明的历史同样悠久

中国早在周代就形成了用"六艺"(礼、乐、射、御、书、数)对贵族子弟进行教育的体制。"乐"是诗歌、音乐、舞蹈三位一体的美育课程。"书"是学习书写,除了实用的目的,也包含书法艺术的因素。"射""御"是练习射箭与驾车的技术,在体育和军事训练之中也包含体态气度的美化训练。"礼"除了统治阶级道德观念的灌输之外,也包括仪表美、行为美、语言美的培育。这之后,无论是两汉的赋,魏晋南北朝的辩谈、书画与雕刻,唐宋的诗词,元明清的戏曲与小说,还是历代的建筑、园林、工艺品,都对人们起着广泛的审美教育作用。在中国近代的民主主义革命中,一些学者和教育家也很重视美育问题,如蔡元培继承中西美育传统主张,曾就美育实施问题疾呼,陶行知创办的工学团与育才学校也都十分重视美育。

在西方,雅典教育制度中包括缪斯教育和体育。缪斯是希腊神话中主司文艺的女神的总称。缪斯教育是综合性的文学艺术教育,也是智育和美育,它体现了雅典教育制度的一个重要特征,即重视人的各方面的和谐发展,是一种德、智、体、美并重的全面教育。在体育中,希腊人重视身体的健美和动作的优美。

希腊还有雄辩术,它的主要目标虽是发展智力,但也包含语言美的训练。希腊的教育和美学理论都强调"美德",即美与善的统一。中世纪的欧洲虽然艺术的表现受到压抑,却仍然利用教堂建筑、教堂音乐、圣像画、宗教雕塑对人们进行审美教育。文艺复兴以后,人文主义的教育主张是培养"完人",课程中包括智育、美育、德育、体育各种因素,强调音乐与图画对儿童教育的巨大意义,提出了"从游戏的快乐中来学习"的思想。

在 18 世纪的法国,卢梭主张自然教育,反对理性的强制。他特别强调感官在教育中的作用,认为各种游戏和绘画活动对于发展视觉有重大意义;他也要求发展听觉,训练儿童歌唱和欣赏音乐的能力。18 世纪末,在德国兴起了狂飙运动,其代表人物歌德、席勒都推崇个性解放,重视人的全面发展。席勒的美育思想有划时代的意义,他在《美育书简》中想要证明解决社会问题的主要途径是审美教育,他把人性的全面和谐发展定为他的审美理想,要通过美育来变革社会,实现人的解放。他说:"道德状态只能从审美状态发展出来,而不能从自然状态发展出来。""想使感性的人成为理性的人,除了首先使他成为审美的人以外,再没有别的途径。""从审美的状态到逻辑的和道德的状态(从美到真理和义务)的步骤,比起从肉体状态到审美状态(从单纯盲目的生命到形式)的步骤要容易不知道多少。"席勒认为,纯粹道德的生活用理性压制感性,使生活拘谨枯燥,而在美的艺术中,感性和理性能在不知不觉中达到融洽。他把理性与感性的这种自由结合状态称为"美的心灵"。按他的看法,审美活动能为人的智力生活提供高尚情操,使人不知不觉地接受道德观念。在他之后,德国的福禄贝尔建立了新型的幼儿教育体制,他是幼儿园的创始人、儿童积木的发明者;英国的罗斯金和莫里斯提倡向青年学生和广大民众普及高尚的艺术品,以力挽现代社会中审美趣味的堕落。以后又有德国艺术教育家朗格和闵斯特伯格,美国美学家门罗和英国美学家里德,相继提倡学校与社会的艺术教育,并进一步开展审美教育理论的研究。在苏联的美学理论与教育理论中,也把审美教育放在重要地位。在当代的欧美各国,审美教育已成为国民教育不可缺少的组成部分。

(二)中国近代美育思潮

19 世纪末 20 世纪初,中国沦为半殖民地半封建社会。许多有识之士为了反对封建专制主义和军阀的腐败政治,纷纷从西方寻求救国的道理,一些教育家、学者接受了席勒的美育思想，也企图从美育中寻求救国、改革社会的途径和方法，形成一股重要的美育思潮。其中最有名的美育观点为梁启超的"趣味教育"、王国维的"完美之教育"、蔡元培的"以美育代宗教"。"以美育代宗教"是一个很笼统的提法，实际上蕴含着全面系统的美育思想，因此蔡元培被称为近代中国美育思想的集大成者。今天，美育进入了一个新的发展时期，重新回忆与探讨蔡元培的美育思想，对于中国美育新征程的开启有非常重要的意义。

"以美育代宗教"所蕴含的美育思想包括美育的性质、美育的目的、美育的独立性、美育的特殊性以及美育的途径。

美育的性质。在西方传统教育中，宗教因含有德育、智育、美育乃至体育的因素，主宰了世俗教育，使教育成了宗教的附庸。随着社会的发展，德育、智育和体育都逐渐从宗教教育的束缚中解脱出来，获得了独立的地位。宗教只能以美的因素，像庄严雄伟的教堂、形制瑰丽的雕像、壁画、教堂音乐、赞美诗歌等，来影响人民。因此就有了将美育和宗教结合和分离的两种主张。蔡元培是力主以纯粹的美育代宗教的。因为，美育是自由的，宗教是强制的；美育是进步的，宗教是保守；美育是普及的，宗教是有界的。宗教中的美育手段是为宗教服务的，不能使人产生纯粹的美感，还会影响智育、德育，所以不能以宗教代美育，只能以美育代宗教。这是从理论上坚定了美育的性质。

美育的概念及目的。蔡元培提出："人人都有感情，但并非都有伟大而高尚的行为，这是由于感情推动力的薄弱。要转弱而为强，转薄而为厚，有待于陶养。陶养的工具，为美的对象；陶养的作用，叫作美育。""美育者，应用美学之理论于教育，以陶养情感为目的者也。"美育可以使人做到自美感之外一无杂念，从而进入造物为友，无人我之分的境界。

美育的独立性。关于美育在整个教育中的地位问题，蔡元培反对把美育作为德育的附庸，主张美育有独立的地位，是与德育、智育、体育并列的。他指出，德育是教育的中心，但德育的实施必须有智育和美育的帮助。

美育的特殊性。与美育的独立性相关联的就是美育的特殊性，其特殊之处就在于它渗透到其他三育之中，无论是德育、智育还是体育，都包含美育的因素，也可以说美育本身就是所有教育的主体。

美育的途径。蔡元培反对把审美教育等同于艺术教育，他指出，美育比美术教育的范围要广得多，而且美育与美术教育的作用也不相同，美育实践既可用于建筑、雕刻、图画、音乐、文学等艺术手段，也适用于美术馆、影院、园林、公墓、城乡环境布局及个人的言谈举止,即一切审美对象来开展美育实践,从而实现自然美、人文美、社会美、科技美、艺术美,且最终回归于意识形态美、观念美和心灵美。

(三)美育的弥新及展望

一是全面贯彻落实家庭美育、社会美育、学校美育。二是建立完备的美育课程体系,确立适当的美育目标。三是防止美育泛化,正确处理美育的独特性和融合性。四是接续优秀传统文化根脉,迅速适应并巧妙运用现代化、信息化、智能化手段。在美育落实方面,淄博市教育局走在了山东省的前列,成为全国第三届美育大会的亮点。

二、美育探究

(一)美育的核心及现实教育意义

1. 美育核心

俗话说,爱美之心人皆有之,平常人们的衣食住行莫不如此。随着综合国力和人们生活水平的日益提升,人们越来越关注生活的质量和水平,对美好生活的理解和追求的不断提升也是必然的。美育源自心灵,又回归到心灵,从小我们就学五讲四美三热爱,其中四美指心灵美、语言美、行为美和环境美,当一个人心灵美了,语言、行为和环境自然也就美了,所以美育的核心本质在心灵。

2. 美育意义

马克思说,劳动创造了美;动物按照本能建造,人按照美的规律建造;社会的进步就是人类对美的追求的结晶。赵伶俐教授提出"同素(分)异构"的美育观点,阐述美育的必要性、重要性及跨界美育的可行性和规律性,其中特别列出了不同课程的相同元素表及其特点和意义,其中包括:数学是由数量和形态二元素及其相互关系构成的;物理是由物质、原子、力、运动、能量五元素及其相互关系构成的;美术是由色彩、造型、材质、内涵四元素及其相互关系构成的;音乐是由节奏、旋律、和声、内涵四元素及其相互关系构成的;舞蹈是由动作、音乐、表情、内涵四元素及其相互关系构成的;历史是由时间、地点、事件、人物、源起、过程、影响七元素及其相互关系构成的;政治是由国家、区域、国际、政府、元首、制度、法律七元素及其相互关系构成的;德育是由人格、人际、行为规范、舆论、爱、责任六元素及其相互关系构成的;化学是由元素、分子、结构、分解、化合、反应式六元素及其相互关系构成的;地理是由地形、地貌、地质、位置、地图、太阳系、宇宙七元素及其相互关系构成的。

李田教授也提出了不同课程所蕴含的美育特点:德育中的"美善相依""美善相乐"蕴含了美,德育过程本身就是立德立美的过程;智育中的自然科学与社会科学内容也无不蕴含着美;数学中数与"诗"与"音乐"相容乃至"数的和谐"所表现的美;语文中人的美、社会美和自然美与语言艺术美构成的美;外语中的韵律、字形和异域文化内容共同表现的美;物理中的宇宙自然现象、物体结构、运动、造型、色彩构筑的美;化学中自然的与实验的各种反应形式、花样和反应式所呈现的美;生物中的各种生命现象,包括习性、形象、动作乃至宇宙生态造化的综合美;历史中的人类社会文明和一切人物、风俗、文化、社会等所创造的美;地理中的自然风光、地理形象、地图画面共同创造的美;体育中的健美、运动动作美、人体美、体育艺术美、体育游戏情趣美都体现出一种美。诸育中蕴含的美充分体现了美是一切科学中的固有因素,它们之间是"真善相依""真美相容"的。

赵教授和李教授给我们提供了各学科的基本元素的同时指出:相同事物及学科的元素之间按照和谐、整齐、对称、对比、比例、均衡、运动、奇异、多样统一等美的基本规律及结构法则进行合理构建,不同事物及学科之间也可以从美的本质到基本规律,到社会,到人文,到语言文学、音乐、美术、书法、戏剧、服饰、旅游、生命等进行相互融合和创新。由于它们之间存在千丝万缕的审美关系,所以一并构成了丰富多彩令人身心愉悦的美好世界、美丽中国、美丽乡村、美丽生活。

关于跨界美育的话题,赵教授谈到其原来在初中教化学的父亲,他在教学的过程中经常把化合价和周期元素表编成歌曲教给学生,使学生在音乐的熏陶中寓教于乐,许多多年的老学生一直没有忘记,每每谈起还能顺口唱来,津津乐道。赵教授对此非常感兴趣,并特意求了父亲当年的歌唱旋律。这也让我想到了一位教化学的同事,在授课的过程中,旁征博引,妙趣横生,言谈举止中无不彰显美育的魅力。

(二)中国美育的实施依据和载体

党的十八大以来,习近平总书记多次提到道路自信、理论自信、制度自信、文化自信,并提出实现建设富强、民主、文明、和谐、美丽的社会主义现代化强国的中国梦。早在1972年英国汤恩比博士就提出,要想解决人类的生存问题,唯有中国的儒家学说和大乘佛法。同样在1988年,75位诺贝尔奖获得者共同写下宣言:"如果人类要在21世纪生存下去,必须回到2 500年前去汲取孔子的智慧。"并呼吁国际社会重视并学习中国的儒家思想;四川外国语学院审美文化研究所所长、国际美育学会会员王毅教授在此次美育报告中特别提出:当前世界的美育中心在美国,而美国的美育中心在哈佛大学,哈佛大学美育研究的中心则是中国的孔子和儒家思想。在当前的世界文化体系里孔子学堂达一千多家,可见儒家思想是中国美育的核心体系。因此,理清中华优秀传统文化脉络,增强文化自信,正确认识孔子和儒家思想,对践行中国美育意义深远。

践行中国美育就要正确认识孔子和理解儒家的道德观念。首先,孔子提出"有教无类"的教育理念,打破只有奴隶主贵族阶层才能受教育的特权,并广设学堂、广收门徒,拥有弟子三千,教出七十二贤人。其次,孔子第一个提出"因材施教"教育理念,并扎实地运用到教育实践中去。如《论语》弟子问孝故事中,四个不同性格的弟子所获得的答案是不一样的。再次,孔子特别注重"素质教育",重视运用周朝的教育思想和内容,其中内容包括"礼、乐、射、御、书、数"六艺。最后,孔子主张"为政以德",特别重视伦理道德的修习,孔子建构了完整的"德道"思想体系:在个体层面主张"仁、礼"之德性与德行。德道思想体系是以性善论为基础,以立人极("三极之道")为旨归,以人道与天道、地道相会通,人道中庸又适时之变为方法论的完足思想体系,强调"自天子以至于庶人,壹是皆以修身为本",并提出"孝"是道德的根本,道德的内容包括"智、仁、勇"三通德,"仁、义、礼、智、信"对应"温、良、恭、俭、让"五盛德和"孝、悌、忠、信、礼、义、廉、耻"八广德。

除此之外,孔子的美学思想核心为"美"和"善"的统一,也是形式与内容的统一。孔子提倡"诗教",即把文学艺术和政治道德结合起来,把文学艺术当作改变社会和政治的手段,陶冶情操的重要方式。孔子认为,一个完人,应该在诗、礼、乐方面修身养性。孔子的美学思想对后世的文艺理论影响巨大。孔子在易学中明确提出了"美在其中""见仁见智"等著名美学命题,认为"阴阳之美、生命之美、自由之美、中和之美可谓是美学之宗"。

三、美育践行

《礼记·中庸》里面讲道:"博学之,审问之,慎思之,明辨之,笃行之。"意思是做学问要达到博学多才,就要对学问详细地询问,彻底搞懂,要慎重地思考,要明白地辨别,最终需要切实力行。

《弟子规》里面讲:"不力行,但学文。长浮华,成何人。但力行,不学文。任己见,昧理真。"《弟子规》同样指出了学文和力行的重要性。

《论语·学而》里的第一句"学而时习之,不亦说乎?",强调的不仅仅是温故而知新,还有学习和践行的问题,并且着重强调要怀着一颗喜悦的心去学习和践行。

事实证明:知识不等于学问,学问不等于文化,文化不等于智慧。但它们之间又有着千丝万缕的联系:用于实践并通过实践检验的知识,会逐渐地转化成学问;当学问经得起历史的沉淀,可穿越时空超越国界的时候,便可称之为文化;而文化适应于时代潮流,并为时代带来精神和价值的时候便化身为智慧。

(一)美育践行之个人成长经历及班主任工作案例

学习美育的关键在于践行。美育践行首先需要提升自身,中国古代教育家历来重视封建主义的自我修养。如孔子强调立志,要求人们"志于道""择善而固执之"。他还提倡"内自省""内自讼",要求人们自觉地改过迁善。《大学》说的"君子必慎其独",也是一种自我修养的功夫。孟子强调德行涵养要依靠"自得"。他说:"君子深造之以道,欲其自得之也。自得之,则居之安;居之安,则资之深;资之深,则取之左右逢其源。故君子欲其自得之也。"

案例一:正人先正己。

【背景】由于我有时缺少正确的审美观,还有定力不够,容易受社会负能量的影响,因此时常会感到各种困惑。

【理念】行有不得者皆反求诸己。正人先正己。攘外必先安内。

【过程】认真学习传统文化,诵读经典《弟子规》《孝经》等,反思自己的问题和不足,多找父母的优点和好处,多探望父母,为父母分担忧愁,尽量顺着父母,做一些力所能及的事情,用心爱自己的父母。同时注意反思自己作为儿子、丈夫、父亲、老师、班主任等各种角色,扮演得是否真诚,是否尽心尽力。笔者不断发现自己新的问题,不断修正自己错误的人生观和价值观,努力提升自己的人生境界和格局。

【效果】首先是我自己身心受益,和妻子、孩子也越来越亲近,家庭越来越和睦,孩子的学习成绩节节攀升,自己的脾气也越来越好了,同事们都赞许我的一些变化。事业上也比较顺利,学生对我的评价都有很大提升。其次受益的是父母,看到他们儿子的变化,老人家的心情明显大不一样,整天笑呵呵的。

案例二:发扬传统文化,践行传统文化。

【背景】从 2014 年起,我作为中国美育协会会员多次参加了全国美育代表大会并参加了北京市"中华优秀传统音乐文化教育论坛及骨干教师高级研修班",期间学习了各种传统音乐文化的继承和发扬问题,并有幸学习了由北京师范大学徐建顺教授讲的"经典吟诵",而"吟诵"这种传统的艺术表现形式在很多学校(包括我们学校)都很少见。

【理念】以"吟诵"为载体,让学生们了解中华优秀传统经典文化和传统音乐文化,继承和发扬传统文化,践行传统文化,受益于传统文化。

【过程】首先,我精心备课,讲授《孝经》,让孩子明白"孝"是一个人立身行道、做人做事的根;明白"身体发肤,受之父母,不敢毁伤,孝之始也。立身行道,扬名于后世,以显父母,孝之终也";同时明白孝敬父母不仅要"养父母之身",还要"养父母之心",更要努力"养父母之志之慧",使我们的父母有一个幸福快乐的晚年生活。其次,给学生讲授"吟诵"的技巧,以辅助经典吟诵的实践。

【效果】学生们通过传统文化的熏陶,尤其通过对《孝经》内容实质的理解背诵和吟诵,并结合自己现实生活中的改变和实践,更深一层体会到了传统文化的魅力及对现实生活的重要性和必要性。笔者和同仁们辅导的学生有幸参加了由山东省教育厅举办的首届经典吟诵大赛,在上千个节目中脱颖而出,最终荣获全省经典吟诵比赛一等奖;编导参与的吟诵作品《沁园春•雪》荣获全国美育作品评比一等奖,我荣获优秀教师指导奖。

案例三:让孩子学会感恩。

【背景】2014 年,我半路接手了 3+2 学前教育大专班,当时班级学习成绩不佳,日常行为量化考核不理想,班级凝聚力较差,同学关系复杂、不团结,迟到旷课的事情时有发生。

【理念】家庭是孩子学校教育的开始,学校是家庭教育的延续,美育和德育是教育的目标。"夫孝,德之本也,教之所由生也",孝是德育的本质,修复孩子与父母的关系是美育德育的开始和原点。

【过程】

1. 运用传统文化三不朽(立德、立功、立言)理念赢得孩子信任。

2. 召开公开班会"孝亲　尊师　感恩生活",使学生理解父母和老师的良苦用心,从内心生起对父母和老师的感恩之心。让孩子多找父母的优点,替父母分担家务和农活,为父母洗衣服、洗脚……多找父母、老师谈心(老师首先要做到经常找学生谈心)。

3. 召开公开班会"让生命充满爱",使学生理解何为真正的爱,理解爱是对别人的尊重和信任、理解和宽容、奉献和感恩,使学生逐渐学会向别人敞开心扉表达爱,对同学和班集体能乐于付出,甘于奉献。

4. 创设社会环境,走向社会公益事业。我带领班级学生多次参加公益爱心活动,让学生学会爱他人、爱社会,学会奉献爱心,关注那些需要帮助的人。

【效果】经过仅一个学期的传统文化熏陶,班级学习成绩一跃成为级部第一,并连续三年六个学期获得"学习优胜"和"量化优胜"双优班级称号,尤其是学习总成绩一直名列前茅。同学之间也学会了相互帮助、相互体谅、求同存异、精诚团结,整个班级呈现一片欣欣向荣的景象,并被光荣地评为全级部唯一的"青岛市级优秀班级",还被全国"蒲公英公益平台"授予"优秀公益团队"的光荣称号。

案例四:爱出者爱返,福往者福来。

【背景】学生朱某某,男,平度南村人,脾气暴躁,性格怪异,与同学关系差,经常顶撞老师、忤逆父母,和父母的关系极差,尤其是和父亲的关系。倚仗自己身强力壮欺负同学,迟到、早退、旷课、打架、骂人的事件时有发生,经常纠结社会闲杂人员惹是生非,给班级和学校带来恶劣影响。

【理念】爱出者爱返,福往者福来,用爱才能换来爱,而爱是尊重,是信任,是宽容,是理解,是奉献,是感恩,是自利更是利他的,是不附带任何条件、没有任何索取的真诚奉献。

【过程】首先,作为班主任的我要放下对这类孩子的一切偏见,用全身心去接纳他、爱他。从另一个角度讲,他也是受害者,正是因为这类孩子在成长的过程中缺失爱,才使他们不得不以这种极端的形式来表现出自己的不满和对爱的渴求。当孩子感受到我们的真诚,自然就会向我们敞开心扉。在我们成为朋友的过程中,我用心帮助他认识到自己的问题和不足,帮助他在同学之间架起友谊的桥梁,信任他、尊重他,给他锻炼的机会,帮他建立起信心和勇气。同时必须让他意识到父母老师的良苦用心,帮助他生起对父母、老师、同学、朋友的真诚之心和感恩之心。

【效果】短短一个学期的时间,朱某某像变了一个人。心态比以前平和了很多,人也变得谦和了很多,不再轻易地发脾气,遇事懂得站在对方的角度考虑问题,大大地改善了和老师、同学之间的关系,能融入集体,敢于担当,甚至发挥自己的体育、音乐等特长,为班级挣得不少的荣誉。最让人高兴的是,他和父母的关系发生了很大的变化,父子俩变成了无话不谈的朋友。毕业后,朱某某成为某集团的中层骨干,并和青岛的姑娘喜结连理,过着幸福美满的快乐生活。

案例五:兴于诗,立于礼,成于乐。

【背景】我教了二十多年的音乐课,多流于形式,传授一些知识、技能方面的浅层东西,没有真正地抓住音乐的育人本质,发挥音乐的育人功能,以至于自己没有在教学过程中找到乐趣。

【理念】党的十八届三中全会提出"改进美育教学,提高学生审美和人文素养"这一美育改革目标和新的要求。对音乐老师而言,为实现新时代的美育目标而努力义不容辞。音乐教学是实现美育的重要载体。古人提升学生审美能力和人文素养的手段和过程是"兴于诗,立于礼,成于乐"的过程,正如《孝经》里讲的"移风易俗,莫善于乐"。

【过程】首先,深入了解、阅读、研究有关传统文化和美育之间的关系,找出它们之间在教学实践过程中可行的规律性联系。其次,深层挖掘专业教学中作品的历史性和思想性,在教学实践中有助于与学生达成心灵之间的沟通,使学生在思想上发生变化,从而更好地实现美育。

【效果】首先,很大程度地提升了自己的授课热情。在授课过程中充分调动了孩子们学习的积极性,在越来越爱上声乐课的同时,身心感受到艺术的魅力,在提升审美的过程中,人文素养得到很好的熏陶和全方位的提升;笔者所出的市级音乐公开课得到了专家的认可,并代表青岛市参加"国创杯"美育说课大赛。

(二)美育教学之社会公益活动案例

2016年开始,我在平度电台创办国学小课堂,同时开设了"爱心家教"热线,用传统文化的理念帮助那些在家庭教育中迷茫的家长和孩子们迷途知返,解决诸多问题的同时让他们找回家的温暖。

案例一：家和万事兴，人孝百愿成。

【背景】上重点高中、学习优秀的高三女学生突然一反乖乖女的常态，对抗父母，闹绝食，拒绝上学，出现明显的抑郁状态，甚至想跳楼自杀，父母因此几乎崩溃，不惜花重金为孩子到处找心理医生，但收效甚微，孩子一直躲在自己的世界里拒绝见所有人。

【理念】一切有问题孩子的背后，一定有一个有问题的家庭和有问题的父母。"家和万事兴，人孝百愿成"，以传统文化中的教育理念去化解矛盾，从内心唤醒家人的良知。

【过程】首先，我和孩子的母亲进行了多次的心灵沟通，使其明白母亲在家庭中的重要性，同时帮助其分析问题的根源：从小把孩子丢给老人带，疏于关心和正确引导，以学习的成绩绑架孩子的一切兴趣，加上无端的指责和过高的要求，以及孩子本身的成长特点，还有经常充满战争的家庭氛围，一切不符合教育规律的行为和因素导致了问题的发生。

其次，我和他们夫妻俩进行沟通和交流，使他们明白"行有不得者皆反求诸己""己所不欲，勿施于人"的道理。引导孩子的父母凡事多从自己身上找原因，放下长辈的架子主动和孩子交心。同时处理好夫妻之间的关系，创造良好的家庭氛围，并深层解决家庭内部矛盾，真正营造一个父慈子孝、长幼有序的家庭秩序，逐渐用自己的实际行动改变和感动孩子。

【效果】经过一段时间的努力，不到一年的时间，孩子走出房间，敞开心扉和父母主动交流，并积极备考，最终考上大学。

案例二：尊重认可孩子，静待花开。

【背景】他是一个半路辍学的高中生，来自单亲家庭，生活没有方向，学习毫无目标，对一切都失去信心，整天宅在家里不是玩手机就是上网打游戏，他妈妈整天唉声叹气，束手无策。

【理念】单亲家庭孩子的问题大都是因为爱的缺失，导致自卑、不自信和人格的不完善。解铃还须系铃人，哪里缺就从哪里补。

【过程】首先和孩子的妈妈进行深层沟通，让其明白孩子问题的症结所在，并给其提出一系列建树性的意见，比如，降低对孩子的期望，把更多的关注放在孩子当下最关心和最希望的事情上。其次，我和孩子进行了沟通和对话，了解到孩子的兴趣是唱歌，这正是我的专长。我为孩子进行声乐辅导，借此取得孩子的信任,然后慢慢地在授课的过程中让孩子感受到别人对他的尊重和认可,从而逐渐树立起了孩子的自信心。

【效果】经过一段时间的努力,孩子在逐渐得到爱的弥补的同时重树信心,并因此爱上了音乐,不仅重返校园,而且成为一个积极向上的文艺青年。

孩子们每一次的迷途知返,点滴的进步、改变和提升,无不在提醒着我作为一名光荣人民教师的责任。我深知今后的从教之路任重而道远,路漫漫其修远兮,吾将上下而求索,以求真务实的精神,不负党和人民的重托,尽一个教育者的本分,为教育事业奋斗终生。

第四节
和谐家庭教育 共享幸福人生

山东省平度师范学校 孙洪锐

【家庭教育寄语】任何事业上的成功都抵不过教育孩子的失败，成功的育儿就是对自己后半生幸福最好的投资。

亲爱的家长们，你们好！

欢迎来到平度师范学校，本校建于 1912 年，是一所历经百年沧桑、拥有深厚文化底蕴的百年老校。

同时祝贺您的孩子考入平度师范学校，能成为本校的一员，说明您的孩子是优秀的。当然，每一个优秀孩子的背后，都离不开优秀父母的培养，在此，请允许我代表孩子们向你们表示深深的感谢，你们辛苦了！

今天，有幸和各位家长欢聚一堂，共话育儿，我想以老师和家长的双重身份和各位分享一下育儿体会。我的女儿现在正在上大学，她是大学学生会的秘书长，入学三年以来一直是二等以上奖学金获得者；曾参加国际数学建模比赛，荣获二等奖；身为数学专业的学生连续两届参加全国大学生英语大赛，均获一等奖；大二就拿到英语六级证书、计算机三级证书、高中教师资格证……本人也走过了二十多年的班主任工作历程，送走了八届毕业生，和孩子们一起创造了五届青岛市优秀班级和优秀团支部的成绩。孩子们非常争气，每届的专升本升学率和事业编制的考录都是名列前茅，期间产生了青岛市音乐专业中师升本科的第一人，也是最后一人。今天有太多的经历、体会、感慨和各位家长一同分享。

今天我与大家分享的题目是《和谐家庭教育 共享幸福人生》。

中华优秀传统文化讲求以和为贵,和气生财,家和万事兴。

从小父母就教导我们为人要和善,待人接物言语要和蔼、和气。中国特色社会主义核心价值观在国家层面提出富强、民主、文明、和谐的价值目标。

可见"和谐"对于人类的进步、社会的发展至关重要。

一个人一生的成长离不开三种教育:家庭教育、学校教育、社会教育。如果把一个人的成长比作一棵树的话,那么家庭教育是树根,学校教育是树干,社会教育是树冠。

国家"十二五"重点课题调查研究发现:家庭教育占孩子教育影响因素比重达 51%,学校教育占孩子教育影响因素比重达 35%,社会教育占孩子教育影响因素比重达 14%,家庭教育是其他教育的基础,有了好的家庭教育,结合更好的学校教育和社会教育,才能培养出优秀的孩子。

"和谐家庭教育",是孩子们成长的基石。

追求幸福的人生是每一个人的终极梦想。幸福快乐的人生离不开幸福的家庭,幸福的家庭离不开每一个幸福快乐的家庭成员,而幸福的每个人又离不开健康的身心,希望通过今天的交流和分享,使我们每一位家庭成员身心都能更加健康,拥有一个幸福快乐的人生。

"和谐家庭教育 共享幸福人生",今天我们为了共同的心愿走到一起。

著名教育家陶行知先生说过,"千教万教教人求真,千学万学学做真人",《大学》里讲"格物、致知、诚意、正心"而后才能"修身、齐家、治国、平天下"。人和人之间的沟通首先是建立在真诚上,一个人可以拒绝一切,但是无法拒绝别人对他的真诚。我们今天是心与心的相约,更是情与情的交融。

"和谐家庭教育 共享幸福人生",今天我们为了共同的目标与爱相约。

爱与责任是一个有道德之人的核心和灵魂。一切的沟通和交流都基于爱,爱自己的孩子是本能,爱别人的孩子是无私。真正的爱是无私的,是无所求的,是不图任何回报的真诚付出。尤其是在对孩子们的教育中,更要用真心去爱他们,首先要尊重、信任他们,包容、理解他们,甚至感激他们。我们的人生价值更多地体现在孩子们身上,是孩子们陪伴了我们,在他们的陪伴下我们也得以成长,为何不去感谢他们呢?所以,今天的聚会,更是一场爱的盛会。

今天就家校共育的教育问题,和各位家长分享三方面内容。

一、家庭教育的重要性

有这样一位老师,他带的一个 55 人的班里 37 人考上清华、北大,10 人进入剑桥大学、耶鲁大学、牛津大学等世界名校并获全额奖学金,其他考入复旦、南开等大学。不仅如此,校足球冠军、校运动会总冠军、校网页设计大赛总冠军等 6 项文体冠军,都被这个班夺走;音乐才子、辩论高手、电脑奇才、跆拳道高手在这个班比比皆是。

他也是一名相当成功的父亲,他的女儿也以优异的成绩被北大录取。他就是全国优秀教师、中国人民大学附属中学数学老师王金战。关于家庭教育他有这样的观点:影响孩子成绩的主要因素不是学校,而是家庭;如果家庭教育出了问题,孩子在学校就可能会过得比较辛苦,可能成为"问题学生";成绩好的孩子,妈妈通常是有计划而且动作利落的人;父亲越认真,越有条理,越有礼貌,孩子成绩就越好。

美国的约翰•霍普金斯大学教授科尔曼在《关于教育机会平等性的报告》中称:"家庭教育一直在幕后影响孩子的学校生活,家庭教育是学校教育永远的背景和永远的底色。"

2007 年,日本人三浦展在《阶层是会遗传的:不要让你的孩子跌入"下流社会"》中指出,父母的生活习惯影响孩子的学习成绩。父母能做的就是改善孩子的生活习惯。如果孩子在家庭生活中没有成为"三好学生"(身体好、性格好、生活习惯好),就很可能成为学校的"差生"。孩子养成了坏习惯,无论教师与校长多么能干,也很难改变孩子"差生"的命运。

一个人一生的成长过程大致经历四个重要场所:母亲的子宫、孩子成长的家庭、学习的教室、工作的场所。

而家庭是人一生教育的起点,是孩子们的第一所学校。家庭是人生永远离不开的场所,是人生最重要、最温馨的港湾。人生从这里出发,还将回到这里。

在这里,孩子获得了最早期的教育。因为父母是孩子的第一任老师,如果孩子从小在家庭里受到良好的教育,以后学校教育就能顺利地进行;如果孩子在家庭里受到不良的教育,就会使孩子在接受学校教育时发生困难,甚至难以教育。

在这里,孩子获得了最深刻的教育。因为父母是孩子最亲密、最信赖的人,父母和孩子生活在同一屋檐下,接触的时间最多,父母的一言一行、一举一动时时刻刻都在潜移默化地影响着孩子,父母的教育往往对孩子起决定作用。

在这里,孩子接受了最长时间的教育。因为孩子从出生到他能够不依赖家庭而独立生活以前都在不同程度地接受家庭教育,越是年龄小的时候接受的家庭教育越多,受到家庭教育的影响越大。

一个人成年的问题源于童年,童年的问题源于家庭。一个成年人的行为都可以在他幼年时期的家庭环境中寻找到答案。天才是不存在的。任何一个优秀的孩子,都不是横空出世的奇迹,而是有迹可循的因果。他的因,在家庭;他的根,在父母。

正确认识家庭教育是育儿的良好开端。

曾经有一个小女孩这样问自己的妈妈:"妈妈,你几岁了?"

妈妈回答:"32岁了。"

小女孩说:"不对,妈妈,你是8岁!"

妈妈笑着说:"我32岁,你才是8岁!"

小女孩说:"妈妈你就是8岁,因为有了我,你才是妈妈。"

妈妈:"……"

为人父母,我们的天职源自孩子天使般地来到我们的身边,我们的人生价值、点点滴滴都源自孩子健康苗壮地成长,是孩子给了我们人生的幸福和快乐,我们没有任何理由不去爱我们的孩子,不去重视家庭教育。

家庭教育如此重要,事实证明:任何事业上的成功都抵不过教育孩子的失败,成功的育儿就是对自己后半生幸福最好的投资。

二、家庭教育面临的现状、问题和误区

我国著名的儿童教育家、儿童心理学家陈鹤琴曾表述过:"我们晓得栽花有了栽花的学识技能,花才能栽得好。养蜂有了养蜂的学识技能,蜂才能养得好。育蚕有了育蚕的学识技能,蚕才能育得好。甚至养牛、养猪、养羊、养马、养鱼、养鸟莫不都要有专门的学识技能。而一般人对于他自己的儿女反不若养鸡、养蜂、养牛、养猪看得重要。认为我们只要是一个人,就好像都有资格教养儿童。至于怎样教养,怎样培育,事先毫无准备,事后更不加研究,好像儿童的价值不及一只猪、一只羊。这种情形在我国是非常普遍、司空见惯的。"

（一）家庭教育面临的现状和挑战

1. 家庭教育面临的现状

（1）要求孩子多，要求自己少；

（2）母亲关注多，父亲参与少；

（3）物质满足多，精神尊重少；

（4）为孩子花钱多，陪伴孩子的时间少；

（5）指望老师多，反省自己少；

（6）懂得多，做得少。

2. 家庭教育面临的挑战

（1）孩子行为习惯有违社会的传统道德规范，冲击家庭常规教育；

（2）孩子忧郁、焦虑、性意识等心理问题，面对学业压力、信息刺激产生的情绪问题，给家长带来新的挑战；

（3）孩子喜好大胆怪异，挑战家长的价值观；

（4）孩子在成长过程中，越到高年级，身心的发展越对家教水平提出更高要求；

（5）家长不能与孩子一起成长，水平有限、权威下降；

（6）相处时间很少，机会减少，缺乏深度的交流；

（7）新时代孩子的独立意识增强。

在现状和挑战不能有效调和的情况下，很多家长和孩子在输不起心理的作祟下产生焦虑和抑郁，这种心理又不能得到有效矫正，最终导致厌学、逃学、悲观、厌世。

不管困难和挑战有多大，对孩子的管教永远是我们的事业。因为我们是孩子的家长和人生的导师，这是终身不能辞职、不能退休的职务，18 岁以前你不管，18 岁以后还是来找你麻烦。你后半生的幸福指数就是你孩子的发展状况。所以我们家长朋友不要只管现在快活，不管孩子，将来会烦恼不断，只要孩子过不好，家长一辈子都会牵肠挂肚，这就是父母！

（二）家庭教育面临的问题和误区

1. 家庭教育面临的问题

（1）家长的问题：

① 教育方法陈旧；

② 责任意识淡薄；

③ 家庭氛围不良；

④ 只关注成绩，忽视心理健康；

⑤ 溺爱孩子，包办一切。

（2）孩子的问题：

① 缺乏远大志向，理想异化；

② 不能吃苦耐劳，不能经历风雨，意志退化；

③ 不懂得感激生活、感恩父母，情感荒漠化；

④ 缺乏信念支撑，精神软化；

⑤ 沉迷于电子游戏和网络聊天，课外生活低俗化；

⑥ 身体虚弱，体质弱化；

⑦ 性格脆弱，心理贫瘠化；

⑧ 厌烦学习，课外读书卡通化。

家长缺少对自身问题严重性的认识和反思，导致孩子们在童年快乐、精神文化、亲情沟通、自我成就等方面缺失，甚至和家长发生各种冲突，以至于产生严重的社会问题。

2. 家庭教育面临误区

（1）忽视家庭教育对孩子成长的重要作用。

许多家长认为教育孩子是学校和社会的事情，与自己没有多大的关系，自己的主要任务就是供给孩子吃穿。

岂不知家长家庭教育认知的差异，决定孩子成长中核心素养的差别。不同层次的家长创造不同层次的事业，不同层次的父母造就不同层次的孩子。

伟大的革命家、教育家梁启超成功地教育了九个子女，创造了"一门三院士，九子皆俊才"的教育奇迹，他的主要教育理念是：三流父母做保姆，二流父母做教练，一流父母做榜样。

《人民日报》上的《教育改革要从家庭教育开始》这篇文章提出家长有五个层次。

第一层次：舍得给孩子花钱；

第二层次：舍得为孩子花时间；

第三层次：家长开始思考教育的目标问题；

第四层次:家长为了教育孩子而提升和完善自己;

第五层次:父母尽己所能支持鼓励孩子成为最好的自己,也以身作则支持孩子成为真正的自己。

我想问各位家长,除了愿意为孩子花钱,你还会为孩子花时间吗?你还会有更高层面的思考教育、思考孩子的人生规划、思考与孩子同步学习,伴随孩子成长吗?能够始终与孩子对话吗?你的思想与孩子成长的步伐合拍吗?我想大部分的家长可能花在物质层面上的多一些,精神层面上的要少一些。

我们做家长的应该满怀热情和梦想,应该科学做家长、理性做家长,而不是以父爱母爱的名义在有意无意中伤害我们的孩子,影响了孩子的成长。

(2)孩子的问题根源在于家庭教育。

俗话说:有其父,必有其子;有其母,必有其女。孩子在成长中体现出来的诸多问题,大都是由父母错误的教育意识和理念造成的。

有十种常见的错误的家庭教育方式:

① 太多的关爱,使得孩子不知珍惜;

② 太多的唠叨,使得孩子逆反对抗;

③ 太多的干预,使得孩子缺乏自主;

④ 太多的期望,使得孩子难以承受;

⑤ 太多的责备,使得孩子失去动力;

⑥ 太多的迁就,使得孩子不知约束;

⑦ 太多的在意,使得孩子要挟家长;

⑧ 太多的享受,使得孩子不知节俭;

⑨ 太多的满足,使得孩子缺乏快乐;

⑩ 太多的溺爱,使得孩子不能成长。

许多家长因为不了解孩子的身心发展规律,缺乏正确的家教理念,没有掌握家庭教育的智慧,没有恰当的亲子沟通方法,以爱的名义伤害着孩子。

一些家长错误地以为自己无偿地付出就会有理想的回报,虽然他们付出不图回报。但是,他们在爱孩子的同时,更要让孩子感知他们的爱,不要让爱泛滥,更不要以爱的名义伤害孩子。

(3)忽视家校共育对孩子成长的重要性。

开好家长会是家校共育的重要环节,是孩子成长的重要条件。

家长会就是教育者的大聚会,家长是老师教育孩子的合伙人,合伙人对自己的孩子不上心,只指望老师上心,效果会打折扣。

家长要提前备好课,至少完成四个环节。

① 安排好本职工作,按时参加。如确因工作忙脱不开身,应向班主任说明情况,请假,日后约老师单独交流,不要错过时机;

② 赴会前应认真地与孩子谈一次话,带着问题与老师作个别交谈,主动向老师反映孩子情况,征求老师的意见和建议,把问题、忧虑提出来,和老师共同研讨;

③ 认真听取学校领导或老师关于学校情况的汇报,重点领会学校工作的进展和教育的发展趋势,明确学校和老师对孩子提出的要求;

④ 回来后与孩子认真谈心,交换意见,与孩子共同研究改进措施,制订下一步的努力目标。

老师教学负担重,精力有限,因此,家长要主动与学校取得联系,及时向老师反映和了解孩子的情况,以便学校、家庭配合,把孩子教育好。

三、家庭教育应有的理念和方法

正确有效的家庭教育,必须具备顺应教育规律的理念和方法。

(一)良好的关系是有效教育的开始

1. 正确处理与学校和老师的关系

相信并配合好学校和老师的工作很重要。

教师、家长、学生三者之间的关系就好比一个等腰三角形,三角形下边两角是家长和老师,教师和家长的长度可以决定学生的人生高度。学生是顶点,无论是活动的方式还是内容都要围绕学生,以学生为中心,这是我们办学的追求!

家长不要当着孩子的面非议老师或非议学校的规定要求。这不利于孩子建立规则意识,会让孩子产生抵触情绪、投机心理。如果家长不尊重老师,他的孩子对老师的尊重也好不到哪里,学习效果也不会好。

有些家长朋友认为年轻老师缺乏工作经验,不能更好地胜任教育自己孩子的工作。其实,大家都是从年轻时过来的,优秀与年龄并无直接关系。

尊重老师的家长也是在尊重自己,同时更好地为孩子赢得未来。

和家长们分享一下我班主任工作期间,两个很有代表性的家校共育案例。

案例一

【背景】学生张某某,女,胶州人,性格软弱、孤僻、自卑,不敢抬头看人,和同学们的关系极差,一个人独来独往,经常和舍友发生矛盾和冲突。入校不到一个月就产生厌学的情绪,非要退学回家。父母来学校做她的工作,她撒腿就往校门外跑,非要让父母带她回家。

【理念】家是爱的源泉,学校是爱的港湾,从根上找出个案的问题所在,因材施教,哪里缺失哪里补。

【过程】首先,我到这个学生的家里进行家访,通过与她父母的交谈和自己的观察,我了解到:其父亲从事着常年跑外的工作,回家的机会和时间很少,和孩子沟通的机会更少。她母亲的性格又很内向,不善和人沟通,不知道该如何与孩子交流。在这样的家庭环境下,她从小就缺乏安全感,父爱的缺失使张某某更不愿离开妈妈的身边,而由于妈妈本身性格的缺点,加上不会很好地引导、教育孩子,孩子有这样的性格就不足为奇了。

针对以上问题我采取了以下措施。① 和孩子的父母经过深层的沟通和交流,最终达成协议,爸爸要常回家,经常和孩子沟通交流;妈妈要意识到自己的问题,努力修正提高自己,在孩子对学校环境不适应的这段时间里,多到学校看望孩子,甚至妈妈可以暂时住在学校附近,让孩子有安全感,帮助孩子逐渐适应学校生活。② 班主任尽量承担起作为"父亲"的责任,弥补孩子父爱的缺失,增加她在学校的安全感。经常和她谈心,关注她的日常行为和心理状况,并给予及时的建议和引导,力求将问题解决在萌芽状态。③ 帮助改善周围人际环境,为孩子创造较好的发展空间,找班里阳光积极的同学进行一对一的帮扶,并和她同宿舍的学生进行沟通,使她们了解到张某某的特殊情况,对她要理解和宽容,帮助她走出困境。④ 信任孩子,为孩子创设锻炼的机会,让其多参加学校和班里的活动,并试着让其担任班干部,通过为班里同学服务,增添张某某的信心,实现孩子的价值感。

【效果】在入校的一年时间里,虽然张某某的负面情绪有所反复,但明显比刚入校时有了很大的变化。性格开朗了很多,能和同学们融到一起。第二年,她发生了根本性的变化,不仅性格开朗,做事积极,学习成绩直线上升,还入选学校文艺部部长,一跃成为学校文艺骨干。最让人兴奋的是,在 2013 年就业状况不佳、就业压力很大的情况下,她成了胶州市唯一一名教师编考录成功的应届毕业生,成为一名小学教师。因为孩子,我和他的父母成了朋友。

案例二

【背景】学生闫某,女,即墨人,性格温柔,善解人意,成绩一般,不够自信,没有目标。因为种种原因高二时辍学在家,已在一家餐馆打工两个月。

【理念】原生态家庭环境的影响和家庭教育的缺失是孩子一切问题的根源,学校是家庭教育的延续与完善,社会是家庭教育的实践与检验。从根上找出个案的问题所在,因材施教,哪里缺失哪里补。

【过程】首先,我到这个学生的家里进行了家访,通过与她父母的交谈和自己的观察,我了解到:其父母身体不好,常年从事体力劳动,家里经常入不敷出,加上姊妹三人,一个弟弟一个妹妹,生弟弟时由于违反了计划生育政策被罚款,家里已经负债累累。在这样的家庭环境下,从小就很懂事的她,想早早替父母承担起家庭的重担,再加上自己学习、生活目标的缺失,让她决定辍学。

针对以上问题我采取了以下措施。① 和孩子的父母进行深层交流,让家长真正意识到,此时辍学对孩子一生的负面影响有多大,从而达成共识,让孩子回归学校;让父母意识到他们在孩子成长过程中对孩子教育的缺失和误导,努力修正、改善和提升自己的育儿观念和意识,同时在孩子今后的成长中,要不断地鼓励孩子并以身作则给孩子做一个好的榜样。② 身为班主任,我承担起作为"父母"的责任,弥补孩子成长教育上的缺失,增强她在学校的安全感和自信心。经常和她谈心,关注她的日常行为和心理状况,并给予及时的建议和引导,帮助孩子找到学习的目标和生活的动力,力求将问题解决在萌芽状态。③ 帮助学生改善周围人际、学习和生活环境,为孩子创造较好的发展空间,找班里阳光积极的同学进行一对一的帮扶,并和她同宿舍的学生进行沟通,使她们了解到闫某的特殊情况,对她要理解和宽容,帮助她走出困境。④ 为学生创设锻炼的机会,多参加学校和班里的活动,并试着让其担任班干部,通过为班里的同学服务,增添闫某的信心,实现孩子的价值感。

【效果】在再次入校不到一年的时间里,闫某一改以前没有目标、自由散漫的生活状态,各个方面都有了很大的变化。性格开朗了很多,能和同学们融到一起,做事也积极了很多。很多方面发生了根本的变化,学习成绩直线上升,并入选学校学生会,一跃成为学校学生会的骨干分子,其变化可谓天壤之别。最让人兴奋的是,她在 2017 年通过了专升本考试,升入临沂大学就读。当再次见到她时,她已经于某大学就读研究生。此时此刻,我在分享学生成功的喜悦的同时,也体会着当班主任的光荣。

从上面的两个案例我们能体会到:孩子的问题,首先是原生家庭问题,问题的解决也离不开原生家庭的支持和配合。

苏联教育家苏霍姆林斯基说过:"如果没有整个社会首先是家庭的高度教育学素养,那么不管教师付出多大的努力,都收不到完满的效果。学校里的一切问题都会在家庭里折射出来,而学校复杂的教学过程中产生的一切困难的根源也都可以追溯到家庭。"

家长可参与教育但不能干预。学校和家长是教育的合伙人关系,合伙时间就是孩子在校期间。让懂教育的人来从事教育。谁都不应该成为弱势群体,谁也不能凌驾为强势群体。家长如果觉得有什么问题,可以与学校交流,但在孩子面前一定要维护学校的规定和老师的权威。

2. 正确处理与孩子之间的关系

好的亲子关系是有效进行家庭教育的前提和基础,对孩子的教育要讲究策略。

亲子关系状况决定了教育孩子的效果:

良好的亲子关系+规矩=响应

恶劣的亲子关系+规矩=叛逆

良好的亲子关系是家庭教育成败的关键,而好的亲子关系离不开良好的谈话和沟通。

你知道孩子在成长变化吗?你知道孩子现在在想什么吗?你会与孩子交流吗?许多家长在社会在单位能言善辩,但由于不知道亲子沟通技巧,和孩子说不到一起,坐不到一块儿。

我们要注意在孩子面前,既要有严父的一面,也要有挚友的一面。记得我女儿每次从大学回来,我们都会探讨很多话题,经常胡侃神聊几个小时,我们谈了很多类似于如何把握大学的学业与创业、成绩与活动、恋爱与成家、出国与考研等问题,在探讨的过程中,也会产生很多分歧,但每次都会在争议最后达成一致意见,有效解决分歧。

孩子在成长,你要知道该管与不该管的尺度、理解与尊重的重要。如何与孩子谈话与沟通?这里有几个建议。

首先是抓住把柄谈。

俗话说,牵牛要牵牛鼻子,打蛇要打七寸。如果家长谈话抓不到点子,整天泛泛地要求他应该这样,应该那样,一见面就反复叮嘱"要好好学习",成天将陈词滥调挂在嘴边,孩子不烦才怪!

如果家长平时多观察,积极与孩子和老师沟通,多到学校走一走,了解一些真实的具体情况,那么一旦谈话,"某月某日某时某地某事"内容确凿具体,孩子一下子被点中穴位,知道你在真正关注他,再继续谈下去效果会截然不同。

其次是集中时间谈。

孩子平时忙于学习,外面任务重,人累;回家你啰唆,心累。没有喘息的空间,他怎么可能会与你心平气和地坐在一起呢。

因此平时应看在眼里,记在心里,注意场合,一周或一段时间,找一个不受干扰的固定时间和地点将问题集中起来,家长提前备课,很郑重地与孩子坐在一起,要么不说,要说则集中起来一次说到位,有力度有深度。

其三是针对问题谈。

成长中的孩子不可能没有不足,而且不足表现在多方面。与孩子谈话不要奢望面面俱到,全面开花,集中地针对一两个问题进行突破就足够。其他问题时机不成熟则不谈。谈得多,面拉得宽,反而效果不好。要就事论事,孩子最忌提陈年老账,与其他孩子攀比,胡乱联系,主观臆断。

总之,站在孩子角度理解他,以平等的身份尊重他,以理谈事说服他,既指出问题又给足面子,既找到不足又善于肯定。相信孩子,给孩子成长发展的机会,孩子才会慢慢理解家长的苦衷,才会慢慢敞开心扉。

其四是注意沟通时的语言、语气、肢体语言。

沟通三要素包括语言、语气、肢体语言,其三者产生效果的比例为7%:38%:55%,所以与孩子沟通时一定注意语气和态度。有时候家长说了半天,孩子会说:"我知道你说得都对,但我讨厌你说话时的语气和态度。"这样的沟通显然是没有效果的。用平和的心态、和蔼的语气、真诚的态度与孩子沟通,一定会收到事半功倍的效果。

3. 正确处理自身短板,不断提升育儿理论

做不断学习的家长。家长要研究孩子特点、了解孩子学习阶段的情况,密切专注孩子的变化和需求,为孩子的成长保驾护航,真正扮演好合格的监护人

角色。

我们许多家长朋友,出发点是好的,用心是良苦的,但是想要当一名合格的家长,我建议家长朋友可以了解一下以下教育理论。

(1)最近发展区理论。

别老是拿自己孩子和别人孩子比较。孩子的发展有两种水平:一种是孩子的现有水平,指独立活动时所能达到的解决问题的水平;另一种是孩子可能的发展水平,也就是通过教学所获得的潜力。两者之间的差异就是最近发展区。说得通俗一点,就是我常说的"看起点,比进步"。每个孩子知识、能力、情商、智商有差别,每个孩子只要做最好的自己就行了。我们多纵向比,孩子自己多与自己比,今天与过去比,只要现在的自己超过过去的自己,就应该肯定、鼓励孩子。总成绩不够理想,单科在进步也要肯定,这块知识不行另外一块知识相对过去进步了也应该肯定。奋斗目标要让孩子目前看得见,够得着,才有希望去努力跳一跳摘桃子。

不要老是关注分数,而是多关注名次的变化,只要年级的名次在进步就行,没有进步也要冷静分析而不是武断地全盘否定。每个孩子只要盯着下一个目标,每次小步快走就行。每个孩子的起点是不一样的,每个孩子的发展也是不一样的,不能拉得一般长,提一样的要求。

(2)压力与绩效理论。

不要给孩子施加过大压力。压力与工作绩效呈一个倒"U"形的关系。压力太小不利于激发人的动力,压力过大又使人被压抑,导致不能得到高的绩效,所以要有适当的压力才能有一个好的工作绩效。

北大清华谁不想上?在努力中实现,在实现中找到成功的感觉,不断地增强自信,才会不断进步。适度的压力是动力。不当的压力是反动力,并非压力越大动力越大。学会因人而异,适当加压或减压。

一些孩子之所以成绩不稳定,要么是家长加压过度,要么是自我加压过度,都会造成"荡秋千"。"过山车"的成绩也不是家长需要的,这种状态看电影很刺激,看孩子就要命。每次给孩子提奋斗目标要切合实际。

(3)教育的先天论和后天论。

鸡窝是飞不出金凤凰的,丑小鸭原本就不是由鸭蛋孵出的。对人素质的影响因素有遗传因素、环境因素、人的主观能动性等。先天论强调遗传,强调先天的遗传因素在人认知发展中的作用,后天论强调环境、教育、后天主观努力对人认知发展的重要作用。

我之所以提起先天论是告诫家长：孩子走多远，家长先审视自己，当年的读书状况，现在对生活的努力状况，爹妈都不一样，何况孩子！不再把超越的希望一股脑儿压在孩子身上。学会加压，适当减压，不能没压，科学用压。不要把三代的压力交给孩子。

我们在座的家长年龄都差不多，目前发展的都不一样，为何要求自己的孩子与别人的孩子一样，甚至必须超过别的孩子呢。但是孩子的努力可以缩小差距，一代比一代强是可以做到的。

当然，先天不足靠后天努力也能成功，先天过人的经过后天的影响也有可能堕落！聪明反被聪明误的不少，小聪明一时走运，大智慧一生走运，大智慧是什么，就是后天不懈的努力。当今世界很多稳稳成功的都是看起来比较笨比较卖力比较吃亏的那些人。做人如此，读书也是如此。

有时我们作为家长，总有攀比心，让自己的孩子与别家的孩子比，结果闹得两代关系紧张，我奉劝家长，您怎么不自己也与别的家长比呢？自己做不到的事情，将希望寄托在下一辈上，指望孩子给自己翻本？有点太自私吧。

所以现在，为了孩子的成长，家长要约束自己，自己也要成长。比如生活态度积极、热爱工作、喜欢学习新知识等，自己成天牢骚满腹、东溜西逛，指望孩子努力拼搏积极进取，这种教导没有说服力。

如果孩子暂时的发展状况没有我们期待的好，我们要沉住气，多正面鼓励，不要在孩子面前表现出对他的失望，不然他泄气、破罐破摔的速度比你还快！期待可以随孩子进步缓步增长，但是不能无限期待。有时将这种期待藏在心中比挂在嘴上更有效。我们首先是要保证有一个身心健康快乐成长的孩子。

4. 正确处理与家庭成员的关系

如果你真的爱孩子，那就请你好好地爱他（她）的妈妈（爸爸）吧。

中国是一个讲求以和为贵的民族，特别注重家和万事兴。孩子是看着家长的背影长大的，和谐的家庭比什么都重要。重视家庭教育就是对学生的健康发展终生负责。他来自家庭，他成长于家庭，将来他也要创建更高水平的家庭。

所以我的体会是：夫妻关系很重要，父母是孩子的大树，是孩子的靠山，没有父母就没有家，更谈不上良好的成长环境。

（1）和谐融洽的夫妻关系是孩子健康心理的有力保障。

夫妻关系和谐，孩子多有稳定的安全感、归属感，性格多乐观、自信、诚实，遇到困难，多采用积极的应对方式。

（2）和谐融洽的夫妻关系教会孩子待人接物的正确方式。

家庭就是孩子的小社会，父母之间的相处，就是孩子的一门潜移默化的"修养课"。孩子在这里，本能地对父母模仿学习，形成自己与人相处的方式。夫妻恩爱，相互尊重，孩子也多彬彬有礼，富有爱心。

（3）和谐融洽的夫妻关系是孩子将来美好婚姻模式的启蒙。

家庭中夫妻关系的状态，会在孩子的潜意识当中留下印记，影响到他（她）将来对待异性的方式，以及对待婚姻的态度。

我与我的爱人从有孩子就定了规定：

① 夫妻双方管孩子，只要一个在管，另外一个就不能插手，其他人也不准插手，不管对错，目的是维护权威；

② 夫妻双方不能在孩子面前出现激烈争吵，有问题私下解决，目的是让孩子有安全感；

③ 夫妻双方不能在孩子面前非议对方的老人，有想法私下交流，目的是让孩子尊老孝顺；既然我们是教育的合伙人，我们就要同向同心，信任配合。

现在隔代监护多，老人照顾孩子，只能照顾生活；自己生的孩子自己养、自己教、自己管。

家长要成为学习型家长，家长的学习行为会对孩子起到潜移默化的作用。有中小学生的家庭，最好不要经常在家里打牌玩麻将，也最好不要整日里高朋满座喝酒闲聊，要给孩子一个相对安静的学习环境。

我过去的家庭公约：只要孩子不毕业，家里是不设牌桌的。我常常与孩子比赛晒业绩，比如 2016 年高考后我与女儿约定，当女儿大学毕业时，我一定将自己多年的教育研究整理成专著，为此，自己也有了动力而不断努力着。父母生活正能量，不愁孩子无正能量。

（二）每个孩子都是独一无二的

孩子们的个体差异有先天带来的，也有后天习得的，但都是客观存在、独一无二的。孩子不管成绩怎样，实质上没有什么优生差生的区别。家长们应知道，每一个小孩都是种子，只是每个人花期不同，有的花一开始就绚丽绽放；而有的花,却需要漫长的等待。不要紧盯别人的花,不要觉得别人家的永远都是好的,相信花有自己的花期,细心呵护,看着他一点点地成长,这何尝不是一种幸福。也许你的种子永远都不开花,那就恭喜你了,因为你的孩子是一棵参天大树。

家庭教育要正确处理与现行教育体制之间的矛盾。不是每一个孩子都适合爬树,也不是每一个孩子都喜欢游泳,我们首先要尊重孩子的差异,并无条件地接纳孩子的差异,在友好的亲子关系下,善于发现并了解孩子的差异,根据孩子的特点采取相应的措施,因势利导、因材施教,充分利用好孩子的差异,让每一个孩子都得到自己想要的发展,成为有个性、有特点、有能力、有素养的幸福的人。

在这个过程中我们都先要尊重、信任孩子,提倡"哪壶开了提哪壶",善于发现孩子的优点并及时表扬和鼓励。同时注意宽容和理解孩子,及时鼓励我们的孩子敢于面对挫折,勇于战胜困难,勇敢地从逆境中站起来继续前行。

(三)成长比成绩更重要

亲爱的家长朋友,孩子的智商、情商和学习成绩固然重要,但比智商、情商和成绩更重要的是健康地成长,孩子能成长为一个身心健康、品学兼优、德才兼备的人比什么都重要。

有这样几个案例:

A. 18 岁考入北大物理系,本科毕业后进入美国爱荷华大学物理与天文学系攻读研究生。28 岁通过答辩获得博士学位……

B. 贫寒农家子弟,以优异成绩考入省级重点高中,高中时成绩优异,被评为省级三好学生,全国物理、奥数二等奖,后考上云南大学生物技术专业……

C. 初中时体育成绩优异,凭借长跑特长进入重点高中,高一时七门功课不及格,从学校退学……

D. 中小学学习成绩三流,数学尤其糟糕,两次高考落榜,父母对他失去信心,但他从小好打抱不平,从不服输的性格让他第三次走进高考考场,考上一个专科……

E. 4 岁学习钢琴,师从中央音乐学院著名钢琴教授韩剑明;8 岁学习书法,师从清华大学方志文;14 岁当选申奥形象大使;获奖无数,读人大附中并留学美国……

相信每一位家长从结果上来看，一定觉得 A、B、E 是每一位家长培养孩子想要的结果，是我们家长眼中家庭教育的成功案例。而 C 和 D 则是失败的。

但真实的结果超出了我们每一个人的想象：A 和 B 最后成了杀人犯，E 最终也因为轮奸案沦为阶下囚。相信这样的结果都不是大家想要的。

而那个从学校退学的 C 却是我们都熟悉的著名的作家、导演、赛车手韩寒。两次高考落榜，父母对他失去信心的 D 则是著名的企业家马云。

事实告诉我们：有德有才是优质品，无德无才是废品，有德无才是残次品，无德有才是危险品。实践证明，成长比成绩更重要。

亲爱的家长朋友，人到中年，事业重要，家庭更重要！孩子是我们生命的延续，不管我们在外面如何轰轰烈烈，最终我们还要回归家庭。培养好自己的孩子，关注他的成长，同样可以作为一项事业！多一个成功的孩子，多一个成功的家庭，成就和谐的社会，不也是在为社会汇集正能量吗？

最后和家长们分享几句家庭教育的感悟互励共勉。

① 你可以不优秀，但是你可以表现得很积极；

② 你可以生活委屈，但是你可以表现得很热爱生活；

③ 你可以很平凡，但是你不能太平庸；

④ 你常常牢骚满腹怨天尤人，你指望孩子积极乐观发奋自强？

⑤ 你整天浑浑噩噩、无所事事，你指望孩子努力做事学有成就？

⑥ 你不爱学习瞧不起老师，你指望孩子渴望知识尊重老师？

⑦ 孩子是看着家长的背影长大的；

⑧ 每一个成功的孩子都能在父母身上找到优秀的因子；

⑨ 每一个失败的孩子都能在父母身上找到潜在的根源；

⑩ 管教孩子必须父母思想统一立场一致；

⑪ 关爱孩子必须理性科学让他感知；

⑫ 教育孩子是一项永不退休的事业。

我认为家长在培养孩子过程中更要注重六个字：目标、践行、坚持。

首先，家长要不断地学习。明确做一名优秀家长的目标和理念。

其次，要勇于践行。唯有在践行的过程中，自己和孩子才能在成长中真正受益。

最后，是坚持。坚持体现在平常中，体现在每个环节中。家庭教育的大道理大家都懂，关键是哪位家长能坚持！

期望孩子成才不仅是说在嘴上想在心里,更要体现在长期行动上。家长朋友们,孩子成长的过程,有风有雨还有阳光,我们要坦然面对,没有不变的社会,只有我们对孩子不变的心。

家长朋友们,我们首先需要的是健康的、快乐的、幸福的孩子,然后才是成才的、扬名的孩子。学习成绩不是唯一的评价,多元看待孩子的成长和未来。上天为每个努力的人都准备了一扇窗户,一定要选择最适合自己的。

家长朋友们,所有事业上的成功都抵不上教育孩子的失败,而教育出一个优秀的孩子,就是对自己后半生幸福最好的投资!

愿我们在家、校、社共育的大环境下,同心同德、携手共进,助力孩子成就一个幸福的人生。

—第四章—

提升篇

第一节
主题班会

一、尊师重教（山东省平度师范学校　王晓慧）

【教育背景】

尊师重教是中华民族的传统美德。现在有些学生情感淡漠,不懂得感谢、不愿感激、不会感动,只知道索取。为激发学生对老师的感激之情,体会老师的爱与付出,培养学生感恩的心,让学生学会尊重老师,特开展此主题班会。

【教育目标】

1. 通过本次班会培养学生感恩的心,让学生进一步认识教师工作的艰辛和崇高,从而激励学生更加热爱老师、尊敬老师,努力向上!

2. 通过朗诵、歌唱、表演、讨论等一系列丰富多彩的形式,来表达学生对老师的礼赞和祝福。

【活动准备】

1. 学生回忆老师关爱自己的故事,收集名人尊师的故事。

2. 学生学唱《长大后我就成了你》《感恩的心》和《每当我走过老师窗前》。

3. 确定活动主持人,编写好主持词。

【实施过程】

（一）激情导入

主持人甲:是您,用辛勤的双手帮助我们打开知识的大门;

主持人乙:是您,用一滴又一滴的汗水灌溉了我们求知的心田;

主持人甲:是您,不辞辛苦,任凭双鬓被粉尘染白;

主持人乙:是您,呕心沥血,用双手托起明天的太阳;

主持人甲:是您,既平凡,又伟大;

主持人乙:是您,既严厉,又慈爱;

主持人甲、乙:您,就是——我们的老师!

主持人甲:五(四)班"谢谢您,老师"主题班会现在开始。

(二)表演过程

1.诗朗诵《老师,您好》

主持人甲:淡泊以明志,宁静而致远,这是您一生的写照。为了我们,您付出了许多,您的爱是真诚的、无私的。无论现在还是将来,无论走到天涯海角,我们都会时刻想着您。

主持人乙:今天我们就是要借此机会表达我们对老师的热爱之情、崇敬之情和感激之情,请听诗朗诵《老师,您好》。

2.回忆师恩,体会师恩伟大

主持人甲:感谢两位同学深情的朗诵。(停一下)在和老师朝夕相处的日子里,你和老师之间一定发生过许多让你感动难忘的事,难忘恩师点滴情,下面请刘丽娟同学给大家讲一讲她与老师之间的故事。(学生上台演讲)

主持人乙:同学们谈起自己的老师都心怀感激,其实老师就是通过这些方方面面、点点滴滴的小事关心着你的学习,关心着你的生活,让每一个学生都能身心健康地成长。

主持人甲:老师以灵魂的芳香熏陶着我们,既是良师,又是益友,同时又如慈母。

主持人乙:他们的爱如阳光一般的温暖,如春风一般的和煦,如清泉一般的甘甜。当和孩子共处危险时,他们能勇敢地舍弃自己的生命,把生的希望让给孩子,让师爱超越一切。请看大屏幕。(背景音乐:《长大后我就成了你》)

主持人甲:"慈师真爱感动天地,圣母情怀流芳千古。"这就是一个老师在面对生与死时所作出的选择,这就是一个老师在平凡中铸就的伟大。

3.赞美老师,歌曲表演

主持人甲:不论是叱咤风云的伟人,还是默默无闻的普通劳动者,都离不开老师的教导。老师对我们的关怀永远是我们心中最美的故事。

主持人乙:是啊！老师对我们的爱是无私的,是无价的!"春蚕到死丝方尽,蜡炬成灰泪始干。"这句诗正是对老师无私奉献精神的真实写照。从古到今有许许多多赞美老师的诗句,请看(课件出示)。下面请同学们,根据自己的体验,展开想象力,讲讲在你的心目中可以把老师比作什么?(同学们展开热烈的讨论)

学生 1:我把老师比作太阳,给我能量,照我成长;

学生 2:我把老师比作母亲,教我做人,护我长大;

学生 3:我把老师比作小草,默默无闻但精神高尚;

学生 4:我把老师比作大海,她有博大的胸襟和宽广的胸怀。

主持人甲:同学们的比喻真是太恰当了!老师,您就是春蚕,就是红烛,奉献出自己的一切;您又是一棵小草,一盆米兰,默默无闻但精神高尚!请欣赏合唱《每当我走过老师窗前》。

主持人乙:老师的形象是崇高的,老师的精神是伟大的。您是知识的传播者,您是文明的延续者,您是灵魂的塑造者,是太阳底下最高尚的人!

4. 漫谈尊师

主持人甲:老师的形象平凡而又伟大,我国自古以来就有许多尊敬老师的事例,同学们在课下也收集了不少的故事,哪些同学愿意给大家讲一讲呢?(请两个同学上台讲)

主持人甲:听了这些故事后,我的感触很深。我想,一代伟人都能如此的尊敬自己的老师,而我们更应如此。无论将来我们在哪里,我们一定会永远记住我们的老师,一日为师,终身为父!

主持人乙:尊师重教是我们中华民族的传统美德,名人能够这样,我们当代少年儿童也应该发扬这种优良传统。

5. 诗朗诵《老师,您辛苦了》

主持人甲:同学们,你以前有过不尊敬老师的行为吗?你打算今后怎样尊敬老师呢?(点学生回答)

主持人乙:同学们都说得很好,也认识到了我们平时行为中的一些错误,并将积极改正,做到尊师重道。同学们请看大屏幕,我们应在日常生活中做到以下几点。(主持人读)下面请听诗歌朗诵《老师,您辛苦了》。

（三）班主任发言

主持人甲：下面有请罗老师给大家讲话。

（四）主题班会结束

【总结】

本次活动由于提前设计，准备的时间比较充分，同时准备过程中又进行了不断修改与优化，使得活动开展得比较顺利，活动效果明显。

【拓展延伸】

通过这次活动，学生们不仅展示了自己各方面的学习成果，增强了自信心，更主要的是体验到了热爱、尊敬等社会情感，能够更加热爱老师、尊敬老师，努力向上！但是活动组织过程中，也有些不足，例如，"说说我与老师发生的故事"环节可多点几名学生讲一讲，主持人驾驭课堂的能力还有待加强，学生朗读水平有待提高。

二、惩戒亦育人　班规共遵守（山东省平度师范学校　李超）

【教育背景】

我所带班级的学生，由于各种原因，中考成绩不理想，无法升入普通高中，不得已进入最后的学习基地——中等职业学校。他们普遍存在厌学情绪，自制力较差，规矩意识不强，没有养成良好的行为习惯，不少都是屡教不改的问题生。对此，我特设计本节班会。

【教育目标】

1. 培养学生自我管理、自我完善的能力。

2. 了解班级规章制度，为自己创造美好的班集体生活。

3. 让大家更自觉地遵守班级班规，爱班乐学，营造良好的学习氛围。

4. 让同学们提高集体荣誉感，为争创优秀班级作出自己的贡献。

【活动准备】

制作相关课件资料。

【实施过程】

第一部分：导入

1. 班主任播放阅兵视频，让同学们看到军人们整齐威武的步伐。

设问：为什么他们能那么整齐地完成任务？

设计意图:班主任渲染气氛,吸引学生的注意力,学生结合生活实际进行回答。

第二部分:学习规矩的含义以及重要性

1. 什么是规矩呢?

2. 规矩和自由有什么关系?

3. 你如何理解规矩?

设计意图:学生结合老师的补充和自己搜集的资料进行理解,借助教材自主学习得出相关结论。

第三部分:中学生的纪律

小组轮流发言,说说自己心中中学生的纪律。

设计意图:辅助以图片、表格使学生进一步理解相关内容。

第四部分:不遵守规矩的行为以及后果

欣赏课间小品,小品内容反映了同学们普遍存在的一些问题。

观看教育影片,让同学们认识到不遵守规矩引发的血的教训。

通过以上案例,班主任让同学说说自己的感受。

设计意图:学生联系实际,发表自己的见解。配合老师回顾总结本课的主要内容,并联系实际,情感升华。

【总结和拓展】

通过本课的学习,学生认识到,没有严格的学校纪律,会影响自身良好习惯的养成,会导致学习松懈,违纪成风。因此,学生应遵守纪律,保持良好的学习、生活环境。最终把纪律约束变为一种自觉的行为,把自觉的行为习惯升华为一种文明素养。

三、讲文明 树新风(山东省平度师范学校 宋玮)

【教育背景】

作为新时代青年,我们应该讲文明,懂礼貌。然而,在班级中存在部分同学上课不问好、乱丢垃圾等不良现象,针对这些不文明现象我们展开主题教育活动。

【教育目标】

认知目标:让学生理解一个文明整洁的校园环境需要靠每一名同学的文明行为作为支撑。

情感目标:在学生在校学习与生活的一言一行中建立文明秩序,让学生们知道每个中国人的文明素养就是整个中国的文明素养。

【活动准备】

PPT,课前小组讨论准备内容。

【实施过程】

(一)导入新课

行为科学家罗杰•巴克认为,环境对于激发和形成人在环境中的行为方式有很大的影响。干净、整洁的校园环境,对学生的道德情操起着"润物细无声"的陶冶作用。

文明行为的重要性:经常出入自由市场,斤斤计较、讨价还价之声不绝于耳,自己的言行自然随之无拘无束,甚至粗鲁无礼;但一进入那"静"字高悬,窗明几净,人人都在埋头苦读的教室时,你就不得不学会克制自己,而慢慢地与这种环境、这种气氛融合起来,这就是努力创设并爱惜良好环境并逐步受良好环境的陶冶而与环境相和谐的过程。

(二)情景再现

老师:上课!

学生 A、B、C:老师好!

老师:请坐!

学生 A:老师,这节课上什么呀?

学生 B:真没劲!(然后趴桌子睡觉)

老师:今天我们讲第三节内容,哎,那个空着的座位是谁啊?

学生 C:老泡!不不不,冯帅!(学生 D 进入教室)

老师:冯帅,你喊"报告"了吗?

学生 D:我喊了!

老师:那我怎么没听着啊?

学生 D:那是你耳背!

老师:你这学生说话怎么这么不礼貌啊?

五位学生扮演,其他学生发言。

（三）思考

以上的小事或许曾发生在我们的身边,现在我来问大家,小品里有哪些不文明现象?我们该怎样做呢?

（四）学生讨论并发言

相互交流想法,学生代表总结发言。

【总结】

同学与老师、同学与同学之间要讲礼貌;对老师、长辈多用敬语,养成良好习惯。

四、遵规守纪讲文明 时代青年勇担当（山东省平度师范学校 邢赛）

【教育目的】

通过这次的班会,让学生学习文明礼仪的知识,了解文明礼仪的各个方面:语言上讲文明,行为上讲规范,生活中讲卫生,活动中讲参与,集体中讲团结,待人上讲礼貌,处事上讲谦让,时时处处讲安全。让学生们对古代传统美德有所认识,并能够发扬优良传统。同时让学生从现在做起,从自我做起,从一点一滴做起,努力提高自己的文明修养,做一个讲文明的新时代好少年。

【活动过程】

（一）认识古人的礼仪传统

华夏大地,礼仪之邦,几千年来源远流长的是我们祖辈传承下来的文明礼仪,这是我们的骄傲和财富。时至今日,我们在衡量一个人的气质、德行的时候,仍以礼仪修养作为考核的重要参数。

（二）介绍文明礼仪知识

尊师的礼仪。尊重教师是每一个学生起码的礼貌。在路上等不同场合见到老师要点头示意问好,或微笑行队礼;进老师办公室前要轻轻叩门或喊"报告";在课堂上要注重礼仪,回答问题要自然大方,声音要清晰,做好上下课与课中的礼仪。

学生的形象礼仪。中职生处于求学阶段,着装方面应以朴素大方、活泼整洁为主。校内以校服为主;女生发式以简洁、易冲洗梳理为宜,不烫发、染发。男生的发型要保持整齐、干净,以富有朝气的短发为主,不留长发、不染发;平时不留长指甲。

对待同学的礼仪:相互尊重与帮助;要坦诚相见,相互沟通交流,相互学习取长补短;宽容理解,善解人意,己所不欲,勿施于人,为人处世胸怀要宽,肚量要广。

(三)校园文明大家谈

对于平时出现在校园里的一些不文明现象,大家是不是有所感悟?(学生活动、自由发言)

教师发言,内容如下。

亲爱的同学们:

为了争做文明人,为了使我们能够更好地学习、生活,我们需要一个优美、秩序井然的校园环境。我们是学校的主人,理应"文明从我做起,从现在做起",为此,我向全班的同学们倡议:

① 爱班爱校,说文明话,做文明人,塑造文明学生形象;

② 以校为家,爱护公共设施,杜绝损坏公物;

③ 遵守公共规则,维护正常的校园秩序,严守校规校纪;

④ 服饰整洁大方,不佩戴耳环、项链等饰物;

⑤ 男女同学交往要互尊互爱,举止文明,言行得体;

⑥ 自己的事自己做,不抄别人的作业;

⑦ 帮父母做一些力所能及的事,尊重长辈;

⑧ 语言文明、礼貌待人,不说粗话、脏话,不打架骂人,讲普通话,讲礼貌用语;

⑨ 讲究卫生,保护环境;

⑩ 遵守交通规则,不乱穿马路闯红灯。

古人云:"勿以善小而不为,勿以恶小而为之。"文明行为,贵在实践。

看上去都是日常学习、生活的小事,但真正做起来并不容易。我们每位同学都要少说漂亮话,多做实事,积极参加各种修身养性的活动,做到举止得体、言行文明、品德高尚、尊敬师长、尊重他人,以自己的实际行为,告别各种不良行为,坚持不懈地提升自身的道德素质,做一个文明的学生!做一个文明的人!让我们齐努力,从身边的小事做起吧!让我们快快行动吧!

(四)教师总结

文明其实是由细节构成的,在这个注重细节的时代,一个称呼、一句问候、一个举动,都可能留给人深刻印象。敬人者,人恒敬之。有了文明的行为习惯,才能创建出优良的学习环境,营造出优良的学习气氛。

我们首先应该做一个堂堂正正的人,一个懂文明、有礼貌的谦谦君子,然后才是成才。文明礼仪是我们健康成长的臂膀。让我们从现在做起,全校上下,携起手来,让文明礼仪之花开满校园的每一个角落。

五、抵制校园暴力(山东省平度师范学校　王晓辉)

【教育目标】

1. 引导学生反思校园生活,通过调查,分析校园暴力的现状。

2. 学习、了解有关校园暴力、违法犯罪及其处罚的相关法律法规。

3. 引导学生对校园暴力现象产生的原因以及应对措施进行分析,学会自我保护,树立防范意识,采取合法手段保护自己的正当权益。

4. 树立法治意识、纪律意识,养成良好的道德观念。

【活动准备】

自主准备、小组合作、分享交流。

【实施过程】

(一)创设情境,激情导入

班主任让学生伴着《校园的早晨》的优美旋律走进课堂,欣赏他们在校园内学习生活的照片,感受校园生活的和谐安宁与美好。接下来切入漫画,直接导入新课:"然而,频频出现的校园暴力却似一双黑色的大手,撕碎了校园的和谐安宁,让多少孩子心灵蒙上阴影,又让多少孩子从此走上不归路!让我们一起走进今天的课堂'平安校园,拒绝欺凌',直面暴力现象,寻求解决途径,让青春不再惊恐,让父母不再担忧!"

本环节创设两种截然不同的情境,通过强烈的对比,初步激发起学生维护校园和谐、抵制校园暴力的情感,明确本课主题。

(二)进入新课

第一环节:知暴力

班主任展示校园暴力案件的照片及文字材料,让学生对校园暴力产生直观感知。

事件一

某年 5 月,一段校园暴力视频疯传,一名男生被一名身体强壮的同学殴打,先是边拉上衣边踹,踹倒在地后继续踹胸部。不少学生围观,有的学生甚至嬉笑着说"打他脸""再来一遍"。经了解,当事学生因被同学起外号、怀疑同学向老师打小报告,产生不满,遂发生打骂现象。

事件二

某年 4 月,某初二女生小青已经有一周时间不肯去学校了。在父母的追问下,小青终于道出了实情。上周一晚上,小青被同年级的三名女生殴打侮辱,跪在地上自扇耳光长达一小时。不堪其辱的小青再也不肯回去读书了。

学生讲述身边的校园暴力故事。

举例:一位同学向班上一位学生每天索要一元钱,一共索要了十几元,你们说这是不是勒索?钱虽然少,是不是犯罪?

学生畅谈自己所知道的校园暴力事件。

班主任和学生一起归纳校园暴力的定义。

校园暴力是指发生在学校,由同学和校外人员针对学生身体和精神实施的造成某种伤害的侵害行为。其形式有(大屏幕展示):一是索要财物,不给就拳脚相加,威逼利诱;二是以大欺小,以众欺寡;三是为了一点小事大打出手,恶意伤害他人身体;四是同学间因"义气"之争,用暴力手段争长短;五是不堪长期受辱,以暴制暴等。校园暴力还可分为硬暴力和软暴力,如果拳打脚踢、拔刀相向是硬暴力,乱起绰号、造谣污蔑等就是软暴力。软暴力对学生心灵的伤害,甚至超过了硬暴力。

这一环节班主任通过看照片、读材料、讲故事让学生对校园暴力产生直观感知,知道校园暴力就在我们身边,激发其自我保护意识,也为分析校园暴力的危害提供材料。

第二环节:谈危害

班主任结合案例让学生自主探究校园暴力会产生哪些最直接的后果。

(学生一般会针对受害者一方发言,指出对受害学生身体和心理造成的后果。)

班主任展示事先搜集准备好的施暴者悔过心声,并归纳总结(大屏幕展示)。

　　校园暴力对施暴者和受害学生都有极大危害。对施暴者一方而言,容易使其形成以强凌弱的暴力意识,从而走上违法犯罪的道路。对受害学生来说,由于校园暴力具有一定的隐蔽性,受害者往往受到对方的威胁而不敢向老师、家长和有关部门报告,因此会反复遭到勒索、敲诈和殴打,身心健康备受摧残,必然影响其学习、生活和其他各个方面。同时,也直接影响到其家长的正常工作,影响到学校的正常秩序,甚至破坏社会的和谐、法律的尊严。

　　(图片展示危害)

　　本环节通过自主探究法、案例警示法让学生明确校园暴力的危害,产生警示效果:让施暴者停止侵害,让受害者不再沉默,从而增强了学生的安全意识,也培养了其自主探究的能力。

　　第三环节:析原因

　　班主任让学生结合看过的、听过的,甚至亲身经历过的校园暴力案例讨论分析(大屏幕展示)。

　　① 为什么施暴者能屡屡得逞?

　　② 校园暴力案施暴一方都有些什么样的性格特征?

　　③ 在哪些情况下我们最易遭到校园暴力的侵害?

　　班长、副班长、团支书、学习委员等人归纳产生校园暴力的原因和背景。

　　本环节运用讨论归纳法,从施暴者和受害者两方面分析造成校园暴力的原因。分析病因,才能对症下药,为下一环节"寻对策"作铺垫。

　　第四环节:寻对策

　　1. 交流总结

　　班主任请同学们结合校园欺凌成因谈谈怎样才能避免自己受到校园暴力的侵害。

　　班主任归纳总结(大屏幕展示)。

　　预防措施:不摆阔气;学会调节和控制自己情绪,同学间有矛盾及时化解;不结交不良朋友;与人相处,不能恣意妄为,要学会合作交流,又要讲原则,遇事不能一味退缩;在外不存贪婪之心;对不熟悉的人的邀请要心存警惕;发现违法犯罪现象,要及时报告,否则就是在姑息养奸。

　　2. 情境训练

　　一旦遭遇校园暴力,怎么做才是正确的?班主任提供以下几种情境,学生分为四个小组分别讨论应对方法并选派代表发言。

① 当发现背后有人跟踪时；

② 当敌众我寡时；

③ 已被欺凌侵害后；

④ 当同学被欺凌侵害时。

班主任参与到学生讨论中，评价恰当与不恰当的反应，给予学生正确指导，强调运用法律武器保护自己合法权益。

3. 总结原则

班主任讲述从网络上收集的智斗歹徒的故事，总结面对校园暴力的原则。

一是冷静面对，斗智斗勇；二是敌众我寡时，不妨委曲求全，但事后绝不忍气吞声。

4. 齐诵口诀

大屏幕展示自我保护口诀，学生齐读。

义正词严，当场制止，遭遇险境，紧急求援；

虚张声势，巧妙周旋，主动避开，脱离危险；

诉诸法律，报告公安，心明眼亮，记牢特点；

堂堂正正，不贪不占，遵纪守法，消除隐患。

第五环节：学习通知，发出倡议

学习学校、国家关于抵制校园暴力的通知和文件。

发出倡议，全体同学在倡议书上签字。（一式两份，一份张贴，一份上交存档）

最后班主任总结，内容如下。

校园是我们一生中能留下最美好记忆的地方。仇恨的种子长不出和平的芽，暴力不能真正地解决问题。我们青少年共同生活在一起，就应当互相帮助、互相包容；产生摩擦，让我们和平解决；遭遇欺凌侵犯，让我们冷静面对，机智应对；最后让我们一起大声说"拒绝校园暴力，构建和谐校园"！

通过总结，呼吁大家共同创建平安校园，强化学生抵制暴力和自我保护意识。

【总结】

我们一定要记住：当自己的安全受到威胁时不轻言放弃，当他人的生命遭遇困境需要帮助时,在确保自己安全的情况下,尽自己所能及时伸出援助之手。

让我们手拉手一起努力,彻底消除校园暴力,创建安全、和谐的美丽校园!

【拓展延伸】

为了让学生真正成为课堂的主人,引导他们主动思考、积极探究,培养他们的学习能力,班主任在教学过程中,主要采用创设情境、案例分析、故事暗示、启发归纳等教学方法,指导学生进行案例分析、合作交流、自主探究。

六、端正学习态度 准备期中考试（山东省平度师范学校 曲莲花）

【教育背景】

诚信是中华民族的优良传统,是当今社会需要大力弘扬的道德规范之一。从古至今人们都把诚信视作修身养性、立业交友的根本。只有以诚待人,以信立业,才能赢得他人的尊重和信赖,才能使人与人之间和谐相处,才能使社会处于良性的发展之中。

【教育目标】

1. 通过开展这次活动,让我们的考试更公平、公正,更有意义。

2. 全面贯彻落实学校有关考试的要求,形成良好的诚信之风,促进考风根本好转,增强广大同学对考试作弊严重性的认识,杜绝考试作弊现象,为广大同学营造一个公平的竞争环境。

3. 真正树立优良的学风和校风,顺利完成本学期的期中考试。

【活动准备】

班主任提前准备好活动所需相关物资（包括活动 PPT、故事等）。

【实施过程】

（一）主持人开场

这次我们班会的主题是"诚信考试"。的确,又到了期中,这个话题是大家年年讨论的话题,为了落实学校诚信考试的要求,让大家能够踏踏实实地考试,我们召开这次班会。希望大家各抒己见,踊跃发言。

（二）探讨:"如何正确理解诚信?"

诚信包括"诚"和"信"两个方面。"诚"是诚实,诚恳。诚实,指言行与内心思想一致,不虚假。"信"是讲信用,信任。诚信是做人的美德,是处理个人与社会、个人与个人之间相互关系的基本道德规范。诚实守信是做人立身之根本，是中华民族的传统美德。

（三）班长宣读《诚信考试倡议书》

（1）排除外界干扰，积极备考。正确认识考试对评价自己的重要性。充分利用时间，认真复习，满怀信心地迎接考试。

（2）提高自身修养，做一名诚信的学生。我们要以诚信的态度对待每一场考试，考出真实水平。

（3）严肃考风考纪，端正学习与考试的态度。严格遵守考试规章制度，实事求是，杜绝一切考试作弊形式。

（4）弘扬诚信正义。树立与不良风气作斗争的信心和勇气，勇于检举揭发考试作弊行为。

【总结】

通过这次班会，同学们认识到诚信对于人生的重要性。诚信是做人的一种品质，是职业道德的根本，是个人成就事业的根基。要培养诚信的良好品质，就要从身边的每一件小事做起，对当下来说，就是要诚信考试，不作弊，也不帮助他人作弊。应该做到诚实、诚恳、实事求是、重信用、守承诺。相信大家都会在今后的生活和工作当中，做到诚信行事。

七、我的青春不浪费（山东省平度市教体局　姜柔柔）

【教育背景】

青春是用来奋斗的，不是用来浪费的。当代中国大学生所在的舞台空前广阔。年轻学子只有彻底清除思想上的"病症"，振奋精神、积蓄力量、永不言弃，青春才能出彩！在班级中，有学生没有明确自己的目标，没有培养好的习惯，我们针对这些问题开展主题教育活动。

【教育目标】

认知目标：学会改变，了解自我，塑造良好的行为习惯，把握自己的命运。

情感目标：通过反思，能够明志、笃行。明确自身的责任义务，建立正确的青春期目标。

【活动准备】

班主任提前安排同学们小组讨论，准备课件。

【实施过程】

(一)学会反思

明志

我有明确的目标吗?

我为实现目标而努力了吗?

勤学

我在课上能全身心投入吗?

我能充分应用好各个真空时间(课前三分钟、自习……)吗?

早读、自习,我能从严要求自己(不打瞌睡、不交头接耳……)吗?

慎思

我能谨慎对待每一道题吗?

我能对练习、考试中存在的问题及时进行总结吗?

我思考过解决问题的措施、方法吗?

好问

我能做到经常向老师提问吗?

我能利用小组关系讨论问题吗?

每天我还有问题藏着吗?

细节

我能把用完的工具排放整齐,把用好的抹布搓洗干净吗?

我能正常到食堂就餐吗?

我能保持好自身以及周围卫生并做好值日工作吗?

守纪

规定时间内我还在闲逛游走吗?

我的身上还有饰品、手机等物品吗?

我能够真正遵守各项规章制度吗?

(二)我该怎么做

立即行动。坏习惯会让我们自食恶果,我们一定要趁早改掉坏习惯。

坚持改正。习惯是可以改掉的,只要不断地重复。

【总结】

法国作家罗曼·罗兰有句名言:"一个人的性格决定他的际遇。如果你喜欢保持你的性格,那么,你就无权拒绝你的际遇。"假如我们的本性中有一些阻碍成功的因素,如果我们不改变,岂不是注定要失败?其实,每天克服自己的一点点毛病,每天坚持进步一点点,我们就会离成功越来越近。

【拓展延伸】

15 岁觉得游泳难,放弃游泳,到 18 岁遇到一伙投缘的玩伴约你去游泳,你只好说"我不会"。18 岁觉得英文难,放弃英文,28 岁出现一个很棒但要会英文的工作,你只好说"我不会"。人生前期越嫌麻烦,越懒得学,后来就越可能错过让你动心的人和事,错过新风景。我们应该克服惰性,改变自己,让自己成为更好的人。请大家课后将自己觉得有困难但又是自己最想做成的一件事写下来,并思考为了实现这件事,要做出什么改变?

八、养成良好习惯(平度市仁兆镇冷戈庄中学　逄永山)

【教育背景】

同学们通过这些年的学习掌握了很多丰富的知识,使自己能更好地适应社会生活。但是部分同学依然缺乏良好的学习习惯。养成好的学习习惯不是人人都能做到的一件事。一个好的科学的学习习惯和生活习惯,让我们学得轻松愉快,又利于身心健康发展。今天我们班会的主题就是讨论怎样养成良好的学习习惯和生活习惯。

【教育目标】

通过本次主题班会,使学生进一步了解良好的学习习惯对自己今后成长的重要作用,为走向成功奠定基础。让学生能够辨识好的学习习惯和不良的学习习惯,发现并改正不良习惯,提高自我控制能力。

【活动准备】

班主任引导同学们查阅好习惯的益处和如何培养好习惯。

【实施过程】

提问:课前,我们该怎样做?

学生讨论、发言。

举例:

A. 上课前,老师正要走进教室,只见教室内几位同学追逐打闹,其他同学呐喊助威;

B. 上课铃响了,某同学还在校园内慢悠悠地走,而且经常迟到;

C. 上课前,小红把学习用品预备好,认真地预习课文;她的同桌桌面上干干净净,还在玩电子表。

提问:同学们想一想,以上同学的表现,你们有没有? 你认为自己的课前学习习惯怎么样? 知道自己的努力方向了吗? 有则改之,无则加勉。课堂上我们该怎样做?

学生讨论、发言。

举例:

A. 课堂上,老师在讲课,下面的同学有的在小声说话,有的在做小动作,有的在东张西望,有的在偷吃东西,有的趴在桌子上睡大觉;

B. 课堂上,老师在提问问题,甲同学积极举手发言,回答问题声音洪亮;乙同学低下头,老师叫到时,慢腾腾地站起来,回答问题声音特别小;

C. 课堂上,甲同学认真写字,纸面清洁;乙同学边写边玩,用脏乎乎的橡皮擦,纸面像个大花猫。

同学们想一想,以上同学的表现,你们有没有? 你认为自己在课堂上做得怎么样? 还有哪些地方需要改进?

学生讨论、发言。

举例:

A. 张鹏同学边走路边看书,非常认真;李清同学边看书边吃饭;王涛同学在行驶的公共汽车上看书;刘涛同学在黑暗的屋子里看书;孙浩同学在刺眼的阳光下读书;赵彤躺在床上看书;丁松边看电视边写作业;

B. 小明认真独立地完成作业后再出去玩;小华让哥哥帮他把作业做完;休息日两天,小刚玩得开心极了,明天就要上学了,今晚急急忙忙地把作业完成;老师布置的作业小玲从来不做。

学生讨论、发言。

【总结】

通过这一节课的学习,我们进一步明确了课堂上和课间活动时该怎么做,并敢于剖析自己的不足,这一节班会课为我们指明了努力的方向,将起到防微杜渐的作用。

【拓展延伸】

播放《好习惯歌》。

九、学雷锋　促和谐（平度市同和街道中心幼儿园　马凯鑫）

【教育背景】

孩子是国家的希望,是时代的主人翁,继承和发扬雷锋精神,为实现中华民族伟大复兴而奋斗是新时代青年的使命。

【教育目标】

1. 知识与能力:通过小组讨论,师生共同探究,发现问题,积极探索解决问题的途径。学生通过探讨雷锋精神,加深对雷锋精神的认识,了解雷锋精神的实质、做法;在自己力所能及的情况下给人帮助。

2. 过程与方法:分析理解雷锋精神,掌握雷锋精神的性质和重要意义。

3. 情感态度价值观:培养学生对雷锋叔叔敬佩、敬仰的深厚感情,懂得"帮助别人,快乐自己"的道理。

【活动准备】

班主任准备课件。

【实施过程】

第一板块:导入新课

1. 班主任播放歌曲《学习雷锋好榜样》,欣赏雷锋相关图片。

2. 设问:这是一首20世纪60年代的老电影歌曲,传唱了半个世纪仍经久不衰,谁知道这首歌叫什么名字? 歌里唱的是什么?

就让我们带着这些问题,一起回顾雷锋精神吧!

设计意图:渲染气氛,吸引学生的注意力,学生结合生活实际进行回答。

第二板块:走近雷锋,深入了解雷锋

为什么要向雷锋学习? 先让我们来了解一下雷锋是什么样的人。

、雷锋简介。

设计意图:结合老师的补充和学生自己搜集的资料进行理解。

第三板块:寻源雷锋。什么是雷锋精神?

补充:习近平总书记关于雷锋精神的讲话。

班主任设问:雷锋精神的内涵是什么? 你知道哪些雷锋的名言?

讲述"最美妈妈"吴菊萍、"当代雷锋"郭明义的事迹。

用课件表格引导学生自主学习和总结雷锋精神。

设计意图:学生借助自己搜集的材料自主学习,得出表格相关内容。

第四板块:说说我们身边的雷锋事迹、我们班的好人好事

学生结合资料和自身经历进行分享。

第五板块:感悟雷锋精神的历史意义

联系近代以来社会的变化,说明雷锋精神"帮助别人,快乐自己"的影响,结合活动设计,强调雷锋精神的意义。

第六板块:弘扬雷锋精神的现实意义

问题:

1. 什么是雷锋精神的意义?

2. 雷锋精神长存至今,我们应该怎样弘扬雷锋精神?

(引导学生分组讨论,勇于展示成果。)

弘扬雷锋精神就是要从现在做起,从小事做起去关爱他人;弘扬雷锋精神,就要尽自己的努力去帮助别人。

【总结和拓展】

同学们回家后可以将电影《雷锋》完整地看一遍。现在,让我们一起唱起这首经久不衰的歌曲,鼓舞我们将雷锋精神继续发扬光大。

十、国家宪法日(山东省平度师范学校　张家跃)

(一)活动主题

弘扬宪法精神,建设法治校园。

(二)活动目标

1. 通过班会加强法治教育,提高学生的法律意识和社会责任意识。

2. 引起学生的现实关注,激发学生的参与意识,有助于学生自觉地提高公民意识、法律意识、社会责任感、社会认识能力。

(三)活动准备

多媒体课件。

(四)活动过程

环节一:什么是宪法?

宪法是国家的根本大法,通常规定一个国家的社会制度和国家制度的基本原则、国家机关的组织和活动的基本原则,公民的基本权利和义务等重要内容,有的还规定国旗、国歌、国徽和首都以及统治阶级认为重要的其他制度,涉及国

家生活的各个方面。宪法具有最高法律效力，是制定其他法律的依据，一切法律法规都不得同宪法相抵触。

环节二：12 月 4 日国家宪法日的由来

事实上，设立"国家宪法日"是法律界由来已久的呼声。12 月 4 日是中国的"全国法制宣传日"。之所以确定这一天为"全国法制宣传日"，是因为中国现行的宪法在 1982 年 12 月 4 日正式实施。十八届四中全会首次明确规定："将每年十二月四日定为国家宪法日。"在全社会普遍开展宪法教育，弘扬宪法精神。

四中全会公报提出，法律的生命力在于实施，法律的权威也在于实施。宪法的生命力和权威也在于实施。宪法不是为了印在纸上、挂在墙上给人看的。

违宪，是最严重的违法。这首先是由宪法与其他法律的关系决定的。宪法是国家的根本大法，凌驾于所有法律之上，具有最高的法律效力。从内容上来讲，宪法是人民权利宪章，最大限度地集中了全国人民的共同意志、追求和信念，具有至高无上的地位。

环节三：国家宪法日设立的重大意义

设立"国家宪法日"，是一个重要的仪式，传递的是依宪治国、依宪执政的理念。

设立"国家宪法日"，不仅是增加一个纪念日，更要使这一天成为全民的宪法"教育日、普及日、深化日"，形成举国上下尊重宪法、宪法至上、用宪法维护人民权益的社会氛围。

设立"国家宪法日"，也是让宪法思维内化于所有国家公职人员心中。权力属于人民，权力服从宪法。公职人员只有为人民服务的义务，没有凌驾于人民之上的特权。一切违反宪法和法律的行为都必须予以追究和纠正。

环节四：为什么要建立宪法宣誓制度

十八届四中全会提出建立宪法宣誓制度。这是世界上大多数有成文宪法的国家所采取的一种制度。关于宪法宣誓的主体、内容、程序，各国做法不尽相同，一般都在有关人员开始履行职务之前或就职时举行宣誓。十八届四中全会规定，"凡经人大及其常委会选举或者决定任命的国家工作人员正式就职时公开向宪法宣誓"。

向宪法宣誓，代表着宣誓人内心的认同，可约束宣誓人员的良心，同时宣誓也是公开的,是向公众表态,这是宣誓人向公众作出的承诺,"有个有形的和无形的约束"。

宪法宣誓制度可以通过这种仪式化的程序,强化公职人员对人民赋予的权力、对宪法和法律的敬畏之心,有利于社会主义政治文明建设。

十一、春季安全教育（山东省平度师范学校　王启龙）

（一）游泳和预防溺水教育

1. 不准私自下水游泳;

2. 不擅自与同学结伴游泳;

3. 不在无家长或老师带领的情况下游泳;

4. 不到无安全设施、无救护人员的水域游泳;

5. 不到不熟悉的水域游泳。

（二）防震减灾教育

1. 学习地震知识,掌握科学的自防自救方法;

2. 分配地震时每人的应急任务,以防手忙脚乱,耽误宝贵时间;

3. 确定疏散路线和避震地点,要做到畅通无阻;

4. 加固室内家具杂物,特别是睡觉的地方,更要采取必要的防御措施。

（三）交通安全教育

1. 交通安全很重要,交通规则要牢记,从小养成好习惯,不在马路上玩游戏;

2. 行走应走人行道,没有行道往右靠,天桥地道横行道,横穿马路离不了;

3. 一慢二看三通过,莫与车辆去抢道,骑车更要守规则,不能心急闯红灯;

4. 乘车安全要注意,遵守秩序要排队,手头不能伸窗外,扶紧把手莫忘记。

（四）消防安全教育

1. 防火的基本措施:控制可燃物;隔绝助燃物;消除着火源;防止火势蔓延。

2. 灭火的基本方法:冷却法;窒息法;隔离法;化学抑制法。

3. 灭火器的使用方法:右手托着压把,左手托着灭火器底部,轻轻取下灭火器;右手提着灭火器到现场,除掉铅封,拔掉保险销;左手握着喷管,右手提着压把;在距离火源2米的地方,右手用力压下压把,左手拿着喷管左右摆动,喷射干粉覆盖整个燃烧区。

（五）了解校园安全隐患

掌握安全知识,培养学生"珍爱生命,安全第一"的意识。

校园中存在的安全隐患:(可请学生列举一些现象)

① 学生集会、集体活动、课间活动的安全隐患;

② 学生饮食、就餐的安全隐患;

③ 学生交通安全隐患;

④ 校园隐性伤害的隐患;

集体活动中要一切行动听指挥,遵守时间,遵守纪律,遵守秩序,语言文明。

课间活动应当注意事项:

① 活动的强度要适当,不要做剧烈的活动,以保证继续上课时不疲劳、精力集中、精神饱满;

② 活动的方式要简便易行,如做操;

③ 活动要注意安全,切忌猛追猛打,避免发生扭伤、碰伤等危险。

（六）学生饮食、就餐的安全注意事项

① 不吃过期、腐烂食品;

② 有毒的药物(如杀虫剂、鼠药)要放在安全的地方;

③ 禁止购买用竹签串起的食物。

十二、阳光心理　健康成长（平度市仁兆镇冷戈庄中学　柳苏民）

【教育背景】

1989 年,世界卫生组织提出了有关健康的概念:除了躯体健康、道德健康、社会适应良好外,还要加上心理健康,只有这四个方面健康才算是完全健康。随着时代的发展和社会的进步,人们越来越认识到,良好的心理健康状态也是非常重要的。无论在学校还是在家庭我们都应该保持健康的心理状态。

【教育目标】

认知目标:了解什么是健康;知道什么是心理健康。

情感目标:知道健康的真正含义并做到心理健康。在日常生活中保持阳光心理。

【活动准备】

班主任引导学生分组讨论阳光心理的内涵,并准备好 PPT。

【实施过程】

(一)学习目标

1. 知道健康的真正含义;

2. 知道心理健康的标准;

3. 学会维护心理健康的途径与方法。

结合老师给出的学习目标,明确本节课学习方向。

(二)导学问题

1. 为什么叫心理健康?

2. 大家对心理咨询的看法?

3. 学习心理健康课的目的是什么?

自主浏览教材,思考答案,小组内先交流。

(三)心理健康

所谓心理健康,是指良好的心理状态,而良好的心理状态并非一成不变,而是相对的。只要人能在自身和环境许可的条件下发挥最佳的心理功能状态就能称为心理健康。

维护心理健康的方法途径:

1. 倾诉:找朋友倾诉,和老师、家长谈心。

2. 宣泄:大哭一场、进行体育锻炼。

3. 转移注意力:听音乐、唱歌、看电影、看电视、看小说。

4. 寻找专业人士帮助:和心理老师沟通。

学生联系实际,发表自己的见解。

【总结】

心理健康是学生全面发展的基本要求,也是将来走向社会,在工作岗位上发挥才智、积极从事社会活动和不断向更高层次发展的重要条件。要充分认识到德、智、体、美、劳方面的和谐发展,是以健康的心理品质作为基础的,一个人心理健康状态直接影响和制约着个人的全面发展。

【拓展延伸】

正确的人生观是同学们心理健康的指南和保证,是人生的精神支柱。树立正确的人生观,养成积极乐观的人生态度,才能做到在任何情况下都不会丧失信心和追求,不会在身处逆境、遭遇挫折时一蹶不振或导致心理困惑;树立正确的人生观,才能科学地对待社会、人生与生活中的各种矛盾,才能对周围的各种事物、环境有适度的心理反应,防止心理失常。总之,树立正确的人生观和世界观,是保持心理健康,战胜一切心理动荡和不安的最基本条件。

十三、学习雷锋精神（青岛市城阳区前海小学　刘晓娜）

【教育背景】

3月5日是学雷锋纪念日。雷锋精神集中体现了中华民族的优良传统,反映了社会主义和共产主义的价值观念和行为准则,凝聚着全人类共同珍视的时代精神的精华。学雷锋活动,已经成为加强思想政治建设的重要方面、教育培养青少年的重要途径、传播精神文明的有效形式、弘扬先进文化的生动载体。学习雷锋精神,是时代的呼唤,是事业的要求,是群众的精神追求和需要。雷锋精神的实质是"全心全意为人民服务",这代表了中华民族的传统美德。我们作为祖国的接班人,更应具有这种美德。

【教育目标】

知识与能力:通过小组讨论,师生共同探究,发现问题,积极探索解决问题的途径。通过学生自主搜集资料,设置场景及相关问题,角色表演,探讨什么是雷锋精神,加深对雷锋精神的认识,了解为什么雷锋精神会被流传下来。

过程与方法:掌握雷锋精神的含义、内容,让学生能够分析理解为何学雷锋精神。

情感态度:提起学雷锋,心中最难忘的就是他日记里的那段话:"人的生命是有限的,可是为人民服务是无限的,我要把有限的生命,投入无限的为人民服务中去。"每年的3月5日,社会各界都会用多种多样的方式来纪念这位平凡而伟大的人,在一代又一代人的诠释和实践中,雷锋精神也被赋予了更多深刻且丰富的含义。

【活动准备】

1. 学校学生会宣传部到各班宣传"学习雷锋精神"的活动,并详细介绍需要准备的相关事宜及注意事项。

2. 宣传部统计报名参加活动的志愿者名单。

3. 宣传部提前购买好相关的环保工具,如垃圾袋、扫帚、垃圾铲。

4. 宣传部针对在活动过程中可能会出现的意外事故做一个详细的预防计划,保证志愿者的安全,确保顺利地完成活动。

【实施过程】

1. 3 月 21 日,志愿者统一集合,然后一同前往指定地点。

2. 到达目的地后,部门相关人员就地进行任务分工。

十四、寒假安全教育(平度市职业教育中心学校 陈俊杰)

【教育背景】

安全是生命之源、幸福之根、健康之本、和谐之需。寒假假期安全事关学生健康成长,事关全社会和谐稳定。

【教育目标】

1. 切实加强冬季,尤其是春节期间的安全教育,增强学生安全防范意识。

2. 向学生进行食品卫生、防火、防盗、防骗、防交通事故等安全防范教育,增强学生的自我保护和安全防范意识,防止学生遭受人身伤害和财产损失。

【活动准备】

1. 确定主持人,选定剧情扮演者并进行排练。

2. 学生通过各种渠道搜集有关冬季(寒假、春节期间)安全方面的资料。

3. 在黑板上用彩色粉笔书写"注意安全,欢度寒假"八个美术字。

4. 准备煤气罐爆炸、烟花爆竹炸伤(烧伤)、交通事故等图片。

5. 制作精美的课件。

【实施过程】

播放悲伤的背景音乐,主持人用低沉的语调宣读:"公安部网站报道,2007 年春节期间,全国共发生交通事故 3 558 起,造成 1 107 人死亡、4 624 人受伤。法制网报道,2008 年春节期间,全国共发生交通事故 2 202 起,造成 811 人死亡、2 747 人受伤。《北方新报》报道,2009 年春节期间,全国共发生道路交通事故 1 600 多起,造成 700 多人死亡、2 100 多人受伤。"

学生对以上信息谈感想。主持人归纳,揭示班会主题:注意安全,欢度寒假。

讨论:面对常见的冬季安全事故,应注意什么?该如何去做?

学生分成若干小组,每个小组重点讨论一两个事故的特点和对策。

分小组交流,分析常见事故的应对办法。

学生讨论后小组汇报,教师总结,并播放相关课件。

【总结】

我校"安全教育"活动总的要求是通过活动促进广大师生进一步树立安全意识,提高学生在各种危急情况下自救、互救和自我保护的技能,进一步完善学校安全管理制度,经常检查和消除各种安全隐患,为全校学生提供一个安全健康的学习成长环境。为此我校进行了责任分解,要求分管安全工作的副校长负责学生安全宣传,教育工作后勤人员负责学校安全设施检查。

【拓展延伸】

通过校园广播、宣传栏、黑板报等阵地广泛宣传消防、交通、饮食卫生、校产使用与保管等方面的法律规章和安全常识,提高全体师生的安全意识和自我防护能力。

开展逃生自救演练活动。学校认真制订了"逃生自救演练"活动计划,在全校教师大会上公布并提出了具体要求。整个演练按原计划和要求顺利进行,师生行动迅速且井然有序。通过本次演练活动,全校师生提高了安全防范意识,学生的自救求生能力得到了很好的锻炼。

十五、珍惜时间 不负青春(山东省平度师范学校 刘雪)

【教育背景】

学生现在对于时间没有概念,没有把握时间的意识,不会利用课余时间提升自己。通过主题班会使学生了解时间的重要性。

【教育目标】

知识与能力:指导学生了解时间的重要性,帮助其提高自身的素质,使学生安全、健康地成长。

过程与方法:让学生认识到为什么要珍惜时间,怎样才能节约时间。

情感态度、价值观:了解时间的重要性,思考怎样才能利用好时间,为国家作出更加重要的贡献。

【活动准备】

教师:课件、作息时间表。

【实施过程】

（一）导入新课：算一算你一天当中有多少空闲时间？

休息约 9 小时 20 分钟（12:30—13:50,22:00—6:00）；

上课 7 节，共约 5.25 小时；

吃饭约 1 小时；

三操约 40 分钟；

课间 10 分钟×8 个课间=80 分钟；

剩余约？小时。

计算这些空闲时间的目的是使学生认识到时间的重要性。

对于人生来说，时间是非常有限的，过去时光永远不会再回来，而能用来做有意义的事情的时间少之又少。所以充分利用好有限的时间，才能面对生活的困难和压力。

（二）讨论：怎样珍惜时间？

碎片时间的合理利用，可以让整个人生变得非常豁达，让我们拥有比别人更多的学习和进步的机会，能展现不一样的人生。

善于利用时间的人，在这个时代是非常稀缺的。我们往往做了时间的奴隶而不自知。我们可以把时间分为几个阶段，每个阶段都规划好不同的事情，组合起来，就是一段完美的人生。不要总抱怨时间不够用，想想自己是否真的有效利用时间，要善于做时间的主人。

【总结】

珍惜时间这一意识应该是每一个中国学生都应该具备的。

十六、科学家精神（山东省平度师范学校　逄佳洁）

【教育背景】

职高一年级的学生正值青春期发育，对网络充满无限好奇，容易沉迷网络游戏。通过本次班会重新引发学生对大自然的无穷猜想、对科学的无穷兴趣。

【教育目标】

认知目标：引导学生通过小组讨论和交流的形式了解科学家事例。

情感目标：引导学生认识到科学家精神是胸怀祖国、服务人民的爱国精神，勇攀高峰、敢为人先的创新精神，追求真理、严谨治学的求实精神，淡泊名利、潜心研究的奉献精神,集智攻关、团结协作的协同精神,甘为人梯、奖掖后学的育人精神。

行为目标:通过恰当的引导教会学生如何弘扬科学家精神。

【活动准备】

教师准备:收集优秀科学家事迹。

学生准备:课前让学生通过报刊、书籍、网络等途径查找古今中外科学家的故事,然后在班上分享自己所收集到的科学家的故事,谈自己的感受。

【实施过程】

（一）谈话导入

老师:"同学们,今天我们在这里召开一节"科学家的故事"的主题班会。纵观古今中外,是无数的科学技术人才为科技的发展作出了巨大的贡献,立下了汗马功劳。课前,老师让同学们收集一些有关科学家的故事,大家都收集了吗？谁第一个给我们讲故事？"

（二）学生讲科学家的故事

每个学生讲完,老师就问同学们从这些故事中受到什么启发,让学生谈谈感受。

1. 鲁班

鲁班是我国古代优秀的建筑工匠和发明家。两千多年来,一直被工匠们尊奉为"祖师",受到人们的尊敬。鲁班出身于世代为工匠的家庭,从小就跟随家里人参加过许多土木建筑工程劳动,逐渐掌握了生产劳动的技能,积累了丰富的实践经验。在生产劳动的实践中,鲁班特别善于开动脑筋,解决遇到的种种疑难问题。

有一次,鲁班带领工匠建造一座大宫殿,需要很多木料。那时没有锯,砍树全靠斧子。木料供应不上,鲁班心里十分着急。一天,鲁班从一种野草的叶子中得到启发,发明了锯子。据说刨子也是鲁班发明的。有了这种工具,就可以把不平的木料刨平,把毛糙的木料刨光滑。鲁班还发明了钻(穿孔工具)、铲、墨斗(画线工具)和曲尺等多种有用的木工工具。曲尺是用来求直角的,后人把曲尺叫作"鲁班尺"。直到今天,木工们还在使用这些工具。

2. 华罗庚

这是华罗庚爷爷 1979 年在法国南锡大学获名誉博士学位的情景(展示图

片）。他从小自学成才,勤奋求实,勇于开拓。他一共上过九年学,只有一张初中文凭,最后能成为蜚声中外的杰出科学家,完全是依靠刻苦自学。他即使到了晚年,在学术界的声望和地位已经很高,仍然手不释卷,坚持读书和记录。这一幅是华罗庚爷爷逝世前13分钟在讲台上做报告的情景(展示图片),他顽强拼搏,奋斗到最后一息。

华罗庚爷爷是我们青少年学习的榜样,是中国科学界的骄傲,是中华民族的骄傲,是十亿中国人民的骄傲!

(三)诗朗诵《我们爱科学》

我们爱科学,爱科学使我们变得越聪明;

我们爱科学,爱科学使我们变成小精灵;

我们爱科学,再高的山峰我们敢攀登;

我们爱科学,再难的宫殿我们敢探寻。

让我们用智慧的头脑,

让我们用科技的本领,

勇挑新时代的重任,去创造更加美好的明天!

【总结】

通过学习科学家精神主题班会,让学生能够更加勤奋地学习,积累更多科学知识,勇于实践大胆创新,扇动雏鹰奋勇的翅膀,飞向更高的天空。

通过主题班会活跃班级气氛,增强同学、师生之间的凝聚力,营造宽容、平等、守纪、和谐、互帮互助的氛围。

十七、低碳环保(山东省平度师范学校 高志雯)

【教育背景】

习近平总书记在多个场合一以贯之地强调坚持走生态优化、绿色低碳发展道路。我们针对大多数人在日常生活中各方面环保工作不到位的现象开展主题教育活动。

【教育目标】

认知目标:学习怎样低碳环保。

情感目标:了解生活中一些能源的损耗,引导学生在日常生活中做到低碳环保。

【活动准备】

提前小组讨论,准备课件。

【实施过程】

(一)节能宣传周

班主任进行节能宣传周简介。

(二)全国低碳日

班主任介绍全国低碳日的背景、目的、时间。

(三)为什么要节能减耗

班主任提问:

什么是节能降耗?节能降耗的意义是什么?

(四)节能降耗,低碳生活

十个节约好习惯;

家庭生活小常识。

【总结】

从身边的每一件小事做起,营造"个人带动单位,单位影响社会"的节能减排良好氛围,把"践行节能低碳,建设美丽家园"变成每一个人的自觉行动。

【拓展延伸】

习近平总书记指出,垃圾是放错位置的资源,把垃圾资源化、化腐朽为神奇,是一门艺术。实现碳达峰、碳中和是党中央统筹国内国际两个大局作出的重大战略决策。前门街道试点打造首个"零废弃循环小院",看似是一件小事,但贯彻落实碳达峰、碳中和的重大战略决策,就是要"致广大而尽精微",从大处着眼、小处入手,善作才能善成,引领绿色低碳新风尚。进而,以点带面、聚沙成塔,凝聚起全民参与的强大力量,不断掀起低碳生活热潮。

"历览前贤国与家,成由勤俭破由奢。""零废弃循环小院"不仅以可感、可见的方式,向社会传递了绿色正能量,也是赓续艰苦奋斗精神,抑奢尚俭的生动实践,具有多重积极意义,值得点赞。

低碳环保,人人有责。我们每个人都应当积极争当生态文明建设的实践者、推动者,从家庭做起、从日常做起、从点滴做起,自觉养成绿色低碳习惯,为实现"双碳"目标,建设"天蓝、水清、土净、地绿"的美丽家园贡献自己的一份力量。

十八、珍惜时间　珍爱青春（山东省平度师范学校　刘睿）

【教育背景】

本班学生自入学以来,积极融入新环境、新集体,在学习和生活方面取得了令人惊喜的成长。但在利用时间方面做得不尽如人意,做事拖沓,集体活动磨洋工,个人活动也有些懒散。

【教育目标】

通过对理想的讨论,让学生知道珍惜青春年华的重要性,并说明通往理想的唯一途径就是勤奋,帮助学生立志从自己做起,从现在做起,学好文化科学知识、实现自己的理想。本次班会旨在改变现状,积极引导学生树立珍惜时间、珍爱青春的生活理念。

【活动准备】

1. 每人就自己的兴趣爱好和如何长远发展兴趣写一篇文章。

2. 学生选择与主题班会有关的歌曲、诗歌。

3. 集体练好歌曲《光阴的故事》和班级励志誓词。

【实施过程】

师:

在我们的一生中,有很多事物是值得我们去珍惜和认真对待的,请仔细看下面五种事物:理想、亲情、爱情、友谊、时间。

现在请同学们拿出纸和笔,在这五种事物中,迅速划去一个你认为不是很重要的事物,注意你只有一次选择的机会,不可以后悔。以此类推……

最后我们来看看结果。大部分同学留下来的也许都是时间,因为只要还有时间,我们就有希望去获取其他四样我们认为重要的事物。可是现实却是最残酷的,我们最留不住的恰恰就是时间。

生:

1. 集体朗诵《珍惜时间》

杨柳枯了,有再青的时候;

桃花谢了,有再开的时候;

燕子飞了,有再来的时候;

然而有一样东西却是一去不复返。

它给勤奋者留下智慧和力量,

它给懒惰者留下空虚和懊悔。

它是组成生命的材料,

它是衡量重量的标准,

它就是时间!

2. 合唱歌曲《光阴的故事》

师:

想象有一家银行每天早上都在你的账户里存入 86 400 元,可是每天的账户余额都不能结转到明天,一到结算时间,银行就会把你当日未用尽的款项全数删除。请大家思考,这种情况下你会怎么做呢?

当然,每天不留分文地全数提取是最佳选择。你可能不晓得,其实我们每个人都有这样的一个银行,它的名字是"时间"。

每天早上"时间银行"总会在你的账户里自动存入 86 400 秒;一到晚上,它也会自动地把你当日虚度的光阴全数注销,没有分秒可以结转到明天,你也不能提前预支片刻。

如果你没能适当使用这些时间存款,损失只有你自己承担。不能回头重来,也不能预支明天,你必须根据你所拥有的这些时间存款而活在现在。你应该善于投资运用,以换取最大的健康、快乐与成功。时间总是不停地在运转,我们应努力让每个今天都有最多的收获。

想要体会"一年"有多少价值,你可以去问一个失败重修的学生。

想要体会"一月"有多少价值,你可以去问一个不幸早产的母亲。

想要体会"一周"有多少价值,你可以去问一个定期周刊的编辑。

想要体会"一小时"有多少价值,你可以去问一对等待相聚的恋人。

想要体会"一分钟"有多少价值,你可以去问一个错过火车的旅人。

想要体会"一秒钟"有多少价值,你可以去问一个死里逃生的幸运儿。

想要体会"一毫秒"有多少价值,你可以去问一个错失金牌的运动员。

师:

给你们一分钟时间,仔细回想一下,你最初希望用一个月的时间做什么?最后你用这些时间做了什么?

不经意间,时间正一分一秒地从我们身边流逝。时间是不等人的。想挤出时间不容易,但失去时间却很容易。无论迎着多少无奈,无论听着多少感慨,它从不因势而变,因人而异。凡是在事业上取得成功的人,没有一个不是珍惜时间的典范。

请同学领读名人珍惜时间的故事。

生:

接下来我带领大家阅读鲁迅的故事。

鲁迅的成功有一个重要的秘诀,就是珍惜时间。鲁迅十二岁在绍兴读私塾时,父亲正患着重病,两个弟弟年纪尚幼,鲁迅不仅经常上当铺,跑药店,还得帮助母亲做家务;为避免影响学业,他必须做好精确的时间安排。

此后,鲁迅几乎每天都在挤时间。他说过:“时间,就像海绵里的水,只要你挤,总是有的。”鲁迅读书的兴趣十分广泛,又喜欢写作,他对于民间艺术,特别是传说、绘画,也有浓厚的兴趣。正因为他广泛涉猎,多方面学习,所以时间对他来说,实在非常重要。他一生多病,工作条件和生活环境都不好,但他每天都要工作到深夜才肯罢休。

鲁迅的眼中,时间就如同生命:“美国人说,时间就是金钱。但我想:时间就是性命。倘若无端的空耗别人的时间,其实是无异于谋财害命的。”

因此,鲁迅最讨厌那些“成天东家跑跑,西家坐坐,说长道短”的人,在他忙于工作的时候,如果有人来找他聊天或闲扯,即使是很要好的朋友,他也会毫不客气地对人家说:“唉,你又来了,就没有别的事好做吗?”

师:

请同学们谈一谈读后感。

生:

对于我们来说,师范学校的学习生活是艰苦而富有挑战的,别让人生当中最美好的时光从自己的身边偷偷溜走,把时间利用起来吧,做一个善用时间的强者,而不做浪费时间的恶人!

师:

这位同学说得非常好。古往今来,无数人为珍惜时间留下了名言警句。

一切节省,归根到底都归结为时间的节省。——马克思

利用时间是一个极其高级的规律。——恩格斯

合理安排时间,就等于节约时间。——培根

今天所做之事勿候明天,自己所做之事勿候他人。——歌德

今天应做的事没有做,明天再早也是耽误了。——裴斯泰洛齐

浪费时间是一桩大罪过。——卢梭

盛年不重来,一日难再晨。及时当勉励,岁月不待人。——陶渊明

生命是以时间为单位的,浪费别人的时间等于谋财害命;浪费自己的时间,等于慢性自杀。——鲁迅

凡是较有成就的科学工作者,毫无例外地都是利用时间的能手,也都是在大量时间中投入大量劳动的人。——华罗庚

师:

希望大家从今天开始珍惜美好时光,做一个阳光向上的好青年。

【拓展延伸】

1. 给自己制定一个有时间期限的学习目标。(如为自己定一个星期、月目标)

2. 合理安排好各科的学习时间,尤其做好文理科时间的分配。

3. 找出自己一天当中的时间盲点,利用这些时间给自己创造学习的机会。

4. 努力让自己的每一秒钟都过得充实有意义。

【总结】

带着一脸的兴奋和茫然,我们已经度过了高一的一个月,时间在我们面前匆匆划过,留下一个个美好的回忆,或许也留下了挥之不去的遗憾。激情燃烧的师范岁月,是留下愧悔遗憾?还是严于自律惜时如金奋力拼搏,成就辉煌?是孜孜不倦全力以赴?还是浑浑噩噩,虚度光阴?

迎着朝阳,自我激励,一天努力。

沐着晚霞,自我反馈,一天无悔。

第二节
家校共育

一、渴望被关注的心（山东省平度师范学校　夏锟）

【背景】

从初中到高中，每一个孩子的心理都发生着微妙的变化，特别是在中职学校里。在一个 43 人的班级里面，大部分的孩子在初中阶段都是班级中成绩中等甚至靠近下游，平时默默无闻的那一个，都是教师忽视的对象，也未被家长寄予厚望，普遍自我要求也较低。进入平师，曾经并不突出的他们，要重新接受一次排序。如何激发学生的自信心，鼓励他们丰富自己发展自己，让他们认识到每个人都有机会在这个平台成为佼佼者，是我思考的问题。

【案例描述】

小 A 是我班一位比较默默无闻的同学，她性格内向，胆子也有点小，是一个可爱又腼腆的小女孩。她平时在班级言语不多，遵守学校和班级的每一项规章制度；对于老师布置的作业和任务总是认真积极仔细地完成，应该说是一个让我比较放心的一个学生，唯一头疼的就是她理科薄弱，理科成绩有点差，但也还是可以接受的样子。对于这样的一个学生，我觉得是比较省心的，也就是可以适当地少花一点精力。

我在刚刚做老师的时候想：每一个学生都是一块璞玉，教师应细致雕琢，这样才可以打造为一件完美的艺术品。但现在发现，自己的精力确实不够，也就导致了对部分学生的忽略。

小 A 平时在班级里实在太安静了，也没有什么犯错的事情，我几乎都要将她忽略：极少的谈话、极少的眼神交流、极少的批评和极少的表扬。我想也许若

149

干年后,我就可以将这个学生彻底忘记,不会在我的脑海中留下什么印象。

曾经在某次周记中,小 A 谈及自己希望可以和老师做朋友,我也没有太在意,就在批语中写道:"好的啊,老师愿意做你的朋友,你有什么问题和困难都可以找老师商量。"学生打开自己的心扉,但是老师却因为工作繁忙而忽略学生感受,特别是怠慢了处于青春期比较敏感的学生的感受,没意识到对她的心理会造成怎样的伤害,我想这是我作为老师疏忽的地方。

后来在一次家访中,在老师、家长、学生的三方会谈中,她吐露了自己的心声。在漫长的必要问答环节,在她母亲不断希望小 A 要好好努力加油的时候,小 A 哭了,她说,自己也想做得更好,可是发现自己的能力有限。自己初中班级里面的女孩子充满了欺骗和不信任,自己在那样的环境长大,知道唯有依靠成绩出位,才可以在老师面前得到重视。初中的自己就是这样不断刻苦学习,换来好成绩,换来老师的重视,使得自己可以在班级的各项活动中崭露头角,从而可以度过自己不愉快的初中阶段。现在的班级,同学之间非常团结友爱,可是自己快乐不起来,因为自己很多想做的事情都因为成绩不理想而被人忽略,没有为班级出力的机会。老师对自己也是平平的,没有被重视的感觉,于是便越来越灰心,学习也越来越没有兴趣。她边说边哭着,我也有点呆,这是一颗渴望理解而不得,渴望被关注而不被重视的心。我才发觉自己的过失,我才知道其实表面看上去平平凡凡的孩子还是希望可以被关注、被认可。还好有这样一个交流的机会,我和小 A 打开了心结,我也知道自己应该怎么做了。

【案例分析及反思】

美国教育家杜威提出"教育即生活""学校即社会"。陶行知汲取杜威的思想,提出"生活即教育""社会即学校",提出用生活来教育,为生活向前向上的需要而教育。教育应同实际社会生活、学生的生活相联系。

马斯洛理论把需求分成生理需求、安全需求、社交需求、尊重需求和自我实现需求五类,依次由较低层次到较高层次。其中,自我实现需求指实现自己的理想和抱负,或是发挥潜能。自我实现需求高的人可能过分关注这种最高层次的需求的满足,以至于自觉或不自觉地放弃满足较低层次的需求。

我们现在的学生在物质上是丰富的,但是他们在精神上是匮乏的,他们更加渴望被关注。正如《简·爱》中女主角的经典名言:"你以为我贫穷、不漂亮,就没有感情吗?"在每一位学生的心中,其实都渴望被教师关注,越是默默无闻的学生,这样的渴求越是强烈,作为教师,请给他们被关注的感觉。

二、爱是打开学生心灵的钥匙（山东省平度师范学校 顾秀雯）

【背景】

2019 年秋季开学,我有幸担任 2019 级学前 1 班的班主任,经过 3 年的在校生活,学生一转眼就将步入大一。19 学前 1 班是由 44 名同学组成的大家庭,我们秉承着厚积薄发、宁静致远的班训在学校开展的各项活动中取得优异成绩。我们班的情况如下。

在男女学生结构上,女生有 41 名、男生 3 名。女生的情感会更细腻一些,想得也会比较多,所以在这种女生多的大环境下,班主任工作就不能一刀切,要讲究方式方法,通过各种方法来引导一个积极的好的班风。

班级大部分学生比较踏实稳重,有上进心,所以在日常学习中学风较好,相互影响,相互促进,整体成绩较好。但是,一些下游同学学习没有动力,上课不能沉下心学习。两极分化现象严重。

针对这个现象,我坚持正面引导,以理服人,不简单粗暴,尊重、信任后进生,逐步他们消除心中的疑虑和自卑心理,激发他们的自尊心。有这样一个学生思想态度的成功转化让我记忆犹新。

【案例描述】

我班里有位同学,名叫小刘(化名)。平时和同学关系不错,有很多朋友,性格很开朗。但是他有个缺点——脾气很急,特别容易暴躁。在新生刚来的时候我就注意到了他。当时新生在班级集合,小刘脸色严肃,没有一点笑意,情绪低落,我就预感这个孩子可能会有事情发生。果然军训第二天午休的时候,有同学跟我说小刘不在宿舍,我匆忙去教室寻找,发现他正在教室里哭着跟父母打电话说不想上学。这时我没有着急上火,天气非常热,我看他哭得一把泪一把汗,顺手拿起一个本子走到小刘的旁边给他扇风。慢慢地小刘放松了下来,虽然仍然在哭,但是明显感觉情绪平静了许多。最终在父母的劝解下,小刘平复了心情。由于中午时间有限,我安抚了一下就让他随班继续进行军训。当天军训后的晚自习我把小刘叫出来聊一聊,在看得出他对我没有抵触心理后,我的心放下了一大半,首先耐心询问小刘不想上学的原因,然后将退学的利弊给小刘分析了一下,让小刘自己作选择,最后向他分析了班级同学对他的帮助,动之以情,晓之以理,打消了小刘的退学意向。

后来,小刘在校生活十分轻松愉悦,与同学相处较为融洽,但是学习目标不明确,学习动力不足,成绩较落后。针对这种现象,我给他安排了成绩好、有强烈学习动力的同学以强带弱,老师也时常鼓励,让他在潜移默化中慢慢对学习上心。终于在一次期中考试中,小刘的成绩有了较大的进步。对于他的进步,我认真地在班会上表扬了一番,并把他单独叫出来表扬,让他树立起自信心。从此,小刘对每一场考试都是非常上心,即使有退步的时候,他也会产生强烈的向上的决心,不再是得过且过的心态。

【案例分析及反思】

我认为,信心是学生进步的动力,只有让学生看到了自己身上的力量、自身的价值,对未来怀有信心、怀有希望,才有利于他们的成长。而后进生普遍缺乏自信心,他们往往以为老师同学和家长看不起他们,即使做了好事,别人也不会说好,因而缺乏动力,自暴自弃。所以要做好后进生的转化工作,首先应多关心他们、理解他们、尊重他们,多从他们的角度去体验他们的心理。充分尊重、信任他们。老师尤其要善于发现他们的"闪光点",充分肯定其取得的点滴进步,以点燃心中的奋斗之火,使他们感到"我还行""我有希望"。只有老师加倍关爱学生,才能使他们觉得老师并不厌弃他们,且能理解他们,使他们受到鼓舞,得到心灵上的满足,萌发向上的动力。师生间保持默契的情感交流,学生自然亲其师,信其道。

在这次事件中,我发现了只有让学生从心底接纳老师,我们的工作才会事半功倍。在今后的工作中,我要注意工作的方式、方法,时时观察,常常提醒,多多鼓励,反复"抓",抓"反复",让学生有更好的发展,不断提高、完善自己。

三、爱和赏识是教育的源泉（山东省平度师范学校　孙洪锐）

爱和赏识对于成长中的孩子来说至关重要,爱和赏识可以使我们发现孩子的优点和长处,激发孩子的内在动力。对孩子进行赏识教育,尊重孩子,相信孩子,鼓励孩子,可以帮助孩子扬长避短,克服自卑懦弱的心理。在实际工作中,我深深体会到:对孩子进行赏识教育,是促使孩子将自身能力发展到极限的最佳办法,是促使孩子形成自信、走向成功的有效途径,它所能达到的教育效果往往出乎我们的意料。

【案例描述】

我班上有一个学生叫李某,是个让班上所有任课老师都头疼的学生。开学第一周,我进行了跟踪调查,发现他上课无精打采,要么搞小动作,要么影响别人学习，提不起一点学习的兴趣；下课却生龙活虎。作业不做，即使做了，也做不完整，书写相当潦草，对我怀有敌意……每天不是科任老师，就是学生向我告状，最令人头痛的一点就是他不遵守学校的手机管理规定，经常拿着备用机，课下偷偷玩手机，有一次更是因为手机问题，在课堂上和我顶撞。于是，我找他谈话，希望他能遵守班级的规章制度，按时完成作业，上交备用机，知错就改，争取进步。他却板着脸，一副爱理不理的样子，我硬是压住怒火，和颜悦色地对他说："老师今天找你谈话，是觉得你还不是一个无药可救的孩子，你的基础并不差，你入学成绩是班上第二十名，如果你想努力，你的成绩一定会赶上来。"经过一番细谈，口头上答应了。可后来他又一如既往，毫无长进，真是"承认错误，坚决不改"。此时我的心都快冷了，算了吧，或许他是根"不可雕的朽木"。但又觉得身为班主任，不能因一点困难就退缩，必须面对现实！他无进步，或许是他并没有真正认识到自己的错误，没有要真正做个好学生的念头。

为了有针对性地做工作，我决定先让他认识自己的错误，树立做个好学生的思想。于是我再次找他谈话，谈话中，我了解到他家庭状况十分特殊，兄弟姊妹好几个，父母对他从来不管不问，他在家庭里面一直是一个被漠视的孩子，于是他从小就孤僻不合群，而且极其迷恋手机，对别人没有太多感情，认为父母和老师一样，对他来说没有什么作用，也不信父母老师说的话，十分执拗。我恍然大悟，明白问题的症结所在。

为了改变他的思想习惯，在思想上教育他、感化他，我还跟科任老师配合，让科任老师多给他锻炼的机会，多鼓励他，使他在学习方面提高积极性，学习成绩提高得更快，当他一有进步，我就及时当众给予表扬，使他处处感到老师在关心自己。他也逐渐明白了做人的道理，明确了学习的目的，端正了学习态度。同时我特意安排一个责任心强、学习成绩好、乐于助人、耐心细致的同学跟他坐一起，目的是发挥同桌的力量。事前，我先对这个同学进行了一番谈话："为了班集体，不要歧视他，要尽你自己最大的努力，耐心地帮助他，使其进步。"后来，他取得进步时，除了表扬他，我还鼓励他说，这也离不开同学们的帮助，特别是某某同学的帮助。在同学们的帮助下、他自己的努力下，他各方面都取得了不小的进步。他学习上更努力了，纪律上更遵守了，劳动也更积极了，成绩也有了很大的进步。为此，我会心地笑了。后来，有一次我找他谈话时，他说："老师，某某同学这样关心我，爱护我，帮助我，如果我再不努力，对得起他吗？"我笑着说："你长大了，懂事了，进步了。我真替你高兴。"

同时我还经常与他的父母沟通，了解他在家里的一些情况和变化；了解他的喜好，提供机会让他展示，鼓励他发展；他有了一点点进步，我就抓住时机表扬，使他树立信心。通过了解，我发觉他对绘画较感兴趣，我就让他负责班上的班刊设计，在一次学校组织的"班刊设计"比赛中，我让他做总负责人，最后我们班班刊评比获得一等奖，同学们将他团团围住，为他鼓掌庆贺！他很自豪，也很幸福地笑着，一脸的阳光！班会课上，我以思想品德课的课后探究题"夸夸我班上的同学"作为主题，我故意抽中了他，让同学们找出他的优点，当同学们你一言我一语地说着，他的脸都涨得通红，头也慢慢低下去了。我知道他的内心一定很欣喜，一定很感激同学们对他的肯定，也一定在深深地反省自己。我抓住契机，告诉学生我们要用全面的、发展的眼光看待自己。既要看到自己的优势，也要正视自己的不足，每个人都是变化发展的，自身的优点、缺点也不是一成不变的，我们要通过不断改正缺点来完善自己。当我的眼睛再次与他对视时，我看到的是感激与赞同的眼神。班会课后，他跑过来告诉我，"老师，我知道你的良苦用心，我会努力的，我不会辜负你的期望"。通过一次一次的活动让他学会辨别是非善恶，改变他对学习、对人生、对周围事物的态度，使其逐步认识到社会上、学校里、家庭中绝大多数人是关心、帮助他的。同时锻炼他学习、交往的能力及良好的品质，提高他的自信心，找到自己在班级、学校、家庭、社会中的位置。培养他的责任意识和责任能力，从而逐步将他引向平时正常的生活、学习、交往中，帮他树立正确的人生观、价值观和世界观。

特别令我感动的是，有一天晚上他生病了，我和班长带他去医院，当时已经晚上 12 点了，那个医生看见我这么晚了带着学生看病，说道："你是他班主任吧，这么晚了还带着学生来看病，真不容易。"后来回学校的途中，李某不经意间和我说了一声对不起，我当时就觉得精诚所至，金石为开。经过近一个学期的努力，这个学生变了，学会了感恩父母和老师，学习成了他自觉做的事，各项活动都积极参加，不再自暴自弃，而且与同学友好相处，集体荣誉感强了。

【案例分析及反思】

（一）捕捉闪光点，让每一个学生体验到成功

人存在于社会中，都希望自己的学习、工作、人品等受到赏识。特别是我们的孩子，他们正处于自我意识急剧发展的时期，具有非常强的自尊心，他们需要家长、老师的赏识，哪怕是做错了什么，也需要帮他们找到不足，保护他们的自

尊心。而赏识、赞扬、鼓励正是肯定一个人的具体表现。赏识要有一定的艺术性,实践证明,捕捉闪光点是赏识教育的关键。在学习生活中,老师欣赏、接受和喜爱身边的每一个学生,不失时机地为孩子的点滴进步喝彩,让每个学生都体验到成功。这样,学生才能从老师的态度中敏锐地感受到老师对他们的热爱与信任而使自己充满自信。

(二)营造群体赏识氛围,增强班集体的凝聚力

赏识教育需要教师赏识学生,还要老师引导学生学会自我赏识、赏识他人、赏识群体,创设群体赏识情境。因为群体氛围好了,能激发学生对班集体的热爱和信心,集体才有凝聚力,学生热爱集体,能为集体着想,其行为就会规范,班集体也就有了活力。班集体的活动是班级的生命,我以丰富多彩的活动为载体,深化"赏识教育"。开展手抄报比赛、行为习惯量化分评比、学习比赛,以及组织学生参加学校运动会、歌咏比赛等活动,以每次活动为契机,让学生体验到成功的喜悦,不断树立自信心。

(三)找回自信,为后进生重塑形象

"尺有所短,寸有所长",没有完美的学生,同样,也没有一无是处的学生。他们有自己的长处和优点,有自己的独特之处,但就是身上的缺点、问题太多,遮住了他们的"闪光点",老师往往不易发现,这就要求我们老师不妨多一份细心和爱心,去观察学生,千方百计寻找他们身上潜在的优点,引导他们寻找突破口,用一份细心于细微处赏识他们,收集他的每一个优点、关注每一次进步,放大他们的优点,挖掘"闪光点",在班集体中,利用同学间的关心与支持,给他们不断创造展示自我、张扬个性的机会,引导他们重拾自尊自信,端正态度,从而促使学生不断地重塑自我、完善自我、战胜自我。赏识导致成功,抱怨导致失败。不是好孩子需要赏识,而是赏识会使孩子变得越来越好;不是"坏孩子"需要抱怨,而是抱怨会使孩子变得越来越坏。

四、中途接班有感(山东省平度师范学校 李超)

在班主任管理工作中,遇到棘手问题在所难免。有的人会停下脚步不断抱怨,有的人会故意忽视得过且过,有的人会拼命纠缠毫无章法。而我会选择知难而进,并且恰当运用各种途径和方法努力解决问题。"中途接班"做"后妈"就是一项有难度的班主任工作,因为这的确要比自己亲手带上来的班要付出更多辛苦、心血、汗水、时间、精力,需要智慧和艺术才能把班治好,治出成效。

这个学年,应学校领导安排,我接任了现在的 2020 级学前 4 班,虽然有过一些班级管理经验,但是中途接班当"后妈",我还是第一次。班级里 38 名同学对我充满了好奇,四处打探我、了解我,我和他们一样,对他们也充满了好奇、未知,但对班级管理还是充满了信心。在第一个学期里,为了先稳定住学生对于换班主任这件事的情绪,我尽量不对班级的规章制度和处事方式做大的变动,我们之间相处得确实很融洽,同学们的表现也很不错。但是到了第二个学期,同学们之间开始出现矛盾,班级里出现了很多问题:同宿舍同学之间的矛盾问题、自习课和晚自习的纪律问题、个别同学的量化扣分严重等问题。

对过去一年里学生出现的问题,我进行了分析:中途接班,因为班级已经养成了一些习惯,学生已经适应了原先老师的风格,家长们也会抱着一种惴惴不安的心态。所以,学生会对两个班主任进行比较。换了一个新的班主任,大部分学生都希望从头开始,给老师留下一个好的印象,特别是有各种缺点的学生,更希望通过自己的努力,改掉自己的不足,赢得新班主任的好感和信任,刚接班的时候,学生往往都会好好表现。而到了后期,大家逐渐放松了自我要求,所以,班级里开始出现更多问题。

基于以上分析,我在新接手的班级里进行了以下工作。

第一,全面了解学生,缩短师生距离。乌申斯基曾经说过:"如果教育家希望从一切方面去教育人,那么就必须首先从一切方面去了解人。"中途接班以后,我们只有尽快了解学生,熟悉学生,缩短师生之间的心理距离,做起工作来才能有的放矢、事半功倍。作为中途接班的班主任,首先要熟悉学生的名字,我开学前对照学生信息表上的照片反复记忆,直到能够熟练地把人名和人脸对号入座,一遍又一遍地反复认人,终于可以在开学第一天叫出每一个人的名字。除了记名字,还要了解他们的家庭情况,掌握学生的第一手资料的基础上,我向任课老师了解学生的思想品德、行为表现、学习态度、兴趣爱好等。其次,我找每一个学生谈了一次心,让学生谈谈班级情况,谈谈对新班主任的期望和要求。然后利用家长会,了解学生家庭的居住情况、学习环境、父母的学历和工作情况、父母对子女的要求等。

第二,参与学生活动,融洽师生情感。班级应为学生提供条件、创设舞台、给予帮助。班级管理应是解放而不是束缚学生,是激发而不是控制学生,是尊重而不是漠视学生的权利。学校里有丰富多彩的文化娱乐活动,作为中途接班的班主任,一定要迅速融入班级活动中,而且在活动中尽量淡化班主任的身份和角色,会收到意想不到的效果。

第三,抓住"新"的契机,塑造"新的自我"。作为一个中途接班的班主任要把握住学生的心理特点,及时鼓励,积极引导,帮助他们塑造一个全新的自我。在这种情况下,新接班的班主任一定要千方百计帮助学生创造条件和机会来显示他们的优点和特长,及时给予鼓励表扬,特别是对平时表现比较差的学生,更要大张旗鼓地表扬鼓励,重新点燃希望之火。

第四,讲究教育方法,逐步深入展开。我认为一个中途接班的班主任,在接班以后,开始时要花时间与前任班主任进行交流,仔细了解这个班级学生的特点,交流对班级某些问题是采取什么方法来处理的,特别是对一些特殊学生、特殊问题的处理。这样学生不会感到有太大的波动和起伏,师生之间的感情会很快建立起来,教育的效果就会更加明显。

第五,家校共同关注孩子成长。新学期开学后的第一次大休,我就写了《致2020级学前4班家长的一封信》让同学们带回家,在信里介绍自己的情况、曾经带班的经验、自己的教育理念、需要家长配合的几点请求等,使家长信任自己,并支持自己的工作。请家长打印,反面写反馈交流意见,介绍孩子情况。我还会经常在家长群里发一些关心孩子的照片,比如在宿舍和孩子们聊天,或者班级活动时孩子们的笑脸。让家长看到你的用心和爱意,那么家长会很快地接受你。

著名教育家魏书生说:"心灵的大门不容易叩开,可是一旦叩开了,走入学生的心灵世界中去,就会发现那是一个广阔而迷人的新天地,许多百思不得其解的教育难题,就会在那里找到答案。"我相信,中途接班的班主任,只要善待孩子的"比较",用心、用情、用爱去做教育,一定能精诚所至,叩开学生的心扉,实现师生心与心的交流、情与情的交融。

五、教育,是一场爱的修行(山东省平度第一中学 刘晶晶)

有人说教师的爱像山河般雄伟,有人说像春风般细腻,有人说像川流般不绝,也有人说教师的爱像"暗恋"一样,学生虐我千百遍,我待学生如初恋。我觉得,教师的爱更像是一场修行,教育的过程便是修行的过程。

我是一名中学教师,学校的学生很多是学习基础较差的孩子。记得我当班主任的第一年,便遇到了我修行中的重要人物——小孔。

小孔是一个心思灵巧的孩子,聪明伶俐,思维活跃,因为为人仗义、不计较个人得失,在同学们当中相当具有威信。但是他自制力差,上课常出现开小差、睡觉等情况。记得我那天正在给学生上课,小孔和同学在下面说话,几次制止均未奏效,我非常气愤,把课本一摔,气冲冲地朝他们走过去,大喊道:"小孔你干什么!外面站着去!"小孔一看老师一点脸面也没给留,语气那么冲,加上同学们的"嘘"声起哄。他厉色道:"我就是不出去,怎么着吧?!"我说:"你什么态度,上课说话还有理了。"小孔反驳道:"我们说话不对,但我有听课的权利,你凭什么让我到外面站着?"就这样,僵持了几分钟,我自己也觉得下不来台,气得摔门而去。

我怒气冲冲拨打小孔母亲的电话,没想到几次都无人接听。索性我便在办公室查看小孔的入学材料和档案。查看入学材料的过程中我才发现,小孔是一个单亲家庭的孩子,家庭生活比较困难。我顿时心生怜悯之心,后来他妈妈回电话来我才知道,小孔是一个非常孝顺的孩子,平时经常帮妈妈分担家务,还利用假期做兼职补贴家用。我冷静下来想起自己的态度的确也不好,便找来小孔向他道歉。

让我没想到的是,在我开口道歉之前,小孔竟然先开口向我道歉,而且还写了很长的一封信。小孔在信中的一句话让我印象深刻,他说:"老师,您是一个善良的有爱心的老师,您是真心为我好,我非常感激您。可是很多时候您爱我们太用力,您的爱有时候成了我的负担。"

我看到这句话,简直醍醐灌顶。我才意识到我在以我的方式去爱学生,可能无形中给了学生相当大的压力。爱是美好的,是没有压迫的。当我们在日常教学中遇到"不敬"事件发生后,我觉得,不要急于采取行动,而要静下心来想一想,为什么会发生不敬事件,自己在处理问题的过程中有哪些不足。老师应该以更恰当的方式去爱学生。

转眼入职两年,两年来我一直坚守教育本心,兢兢业业。我也深刻意识到教师和学生应该是一种双向奔赴的爱,这样才可以维持良好的师生关系。两年的教学过程,有疑惑、有彷徨,但最终我战胜了犹豫、战胜了恐慌,也希望自己能够继续在教育路上修行,以爱之名,与学生为伴。且行且珍惜,且行且成长。

六、处理好学生的宿舍关系（山东省平度师范学校　于琳琳）

期中考试后，我分析成绩时发现小张同学的成绩下降很快，倒退名次很多，利用晚自习时间，我将其叫到办公室谈话："最近你的学习成绩下降非常快，是因为什么原因呢？"小张："我与我的舍友之间发生了矛盾。"原来该同学与其舍友之间产生了矛盾，导致心情低落，上课注意力不集中影响了学习生活，并且影响睡眠休息，学习状态不好。我询问她们吵架的原因，小张不好意思地和我说出了缘由，她在下晚自习后吃东西，没有注意就将垃圾袋乱扔，正巧这天是舍友小月值日，小月说了小张几句，小张觉得朋友小月很不给她面子，就和她吵了几句，事后小张也意识到自己的错误，和小月道歉，但是小月始终不肯原谅小张，所以小张郁郁寡欢，影响到了学习和生活。

虽然小张意识到了自己的错误，但我还是叮嘱了她："宿舍是我们的小家，每个人都有责任维护她的美丽，宿舍的每一位成员都是我们的家人，你们要和平共处，相互尊重相互爱护，并且我们一定要珍惜别人的劳动成果，懂得尊重他人，以后不要再犯这种错误了。"小张对自己的行为表示抱歉和后悔，表示以后肯定不会再这样做了。我将小张的舍友小月叫到办公室谈话："你和小张都是一个宿舍的，宿舍是我们的小家，家人之间怎么会有永久的矛盾呢，老师知道你很委屈，小张已经意识到自己的错误了，她很后悔，特别想取得你的原谅，你和她的矛盾严重影响到了她的成绩，你看她是特别在乎你的，退一步海阔天空，小张是真心实意想和你道歉和你和好，希望你能接受她的道歉。"

第二天，我发现小张和小月之间关系缓和了很多，两人之间开始有说有笑，两人之间和解了。我思考，班级里8个人一个宿舍，孩子们在一起，肯定会为了鸡毛蒜皮的小事斤斤计较，闹小脾气，作为班主任，我有义务引导学生建立良好的同伴关系，应了解学生在同伴交往过程中存在的一些误区或障碍，并进行有针对性的指导。

事后，我举行了主题班会"宿舍之内，我们该怎样相处？"全班同学一起讨论，大家都发表了自己的见解。首先要善良和富有爱心，这是一个人幸福的源泉。只有善良和富有爱心的人最终才会是真正幸福的，当你关爱他人时，你获得的是精神上的快乐与动力。其次，要互相尊重、互相理解，不欺凌弱者。不能只考虑自己，不能自私，更不能把自己的快乐建立在他人的痛苦之上。再次，要学会宽容，要拥有宽广的胸襟，不能过于敏感，不要斤斤计较。凡成大事者不拘小节,我们不要老在细节上影响情绪,分散精力,失去了学校学习的根本目标。最后,要学会互相帮助、互相监督,学会和睦相处,共同努力去营造一个温暖的小家,利用集体的温暖让每个同学都健康快乐地发展。

七、缓一缓　慢慢来(平度市三堤小学　孙聪聪)

因上一任班主任身体不舒服,有一段时间学生是由代理班主任管理。在我接手班级的时候学生存在一定的抵触心理,且本班男生思想活跃者居多,大多数学习目标不明确,学习能力差,学习主动性弱,班级整体纪律散漫,学习氛围不浓厚,这无疑加大了班级管理的难度。另外,班里基本上没有尖子,尾巴却是挺重的,这也加大了成绩提高的难度。在这个大框架下,班里同学的问题也就相对复杂一些。在班级管理的过程中,我很明确的一点是,"亲其师信其道",教育的过程是师生之间不断交流、不断相互信任的过程。作为一个新班主任,我需要去了解学生、走近学生,建起一个双向沟通交流的信任平台,这个平台的建立需要一个长期的过程,更需要一个恰当的时机。在我与一个同学的冲突中,我对如何做班主任工作有了更深的体会。

我班里有位同学,名叫小峰(化名)。这个同学平时比较安静,跟同学们的接触不多,没有关系非常好的同学,但是平时和同学关系也还可以,对待学习很认真,经常会自己深入进行额外的学习,非常有自己的想法和打算。但是一旦有事情触犯到他的利益,就会突然情绪失控,脾气暴躁。曾经有一次班级换位置,他的座位让他不满意,在换位的过程中,他直接顶撞我,而且摔了课本……事后他向我承认错误,在班里也做了公开检查,也和我说他知道自己这样做很不对,不懂得尊重老师,但自己脾气一急,就什么也不记得了,控制不住自己的情绪,说以后会努力学习,尊重老师,不再这样。

我开始接手这个班时觉得这个叫小峰的孩子对待事情有些悲观主义,对于一些事情他总是往最坏的地方考虑,但是他对待自己犯的错态度也比较诚恳。但不久之后的一件事使我意识到这个孩子受家庭的影响很大,他是一个很敏感的人。而需要扭转他的观念需要各方面的努力。期中考试的时候班里有两个同学违规使用手机,没收后该同学让小峰同学向我申请拿回手机,说这个手机是他的。因为其母亲有精神疾病,需要跟他联系所以允许他拿手机。但是在这个过程中我发现他的手机型号不对,多次询问之后,他仍一口咬定这是他的手机,我就与其父亲取得联系进行核实,确定不是他的手机,他最后承认确实不是他的手机,针对这个情况我与领导汇报,决定收回他的手机。对此他很排斥,在听说要告知家长之后,他的态度非常不好,在发泄一通后,摔门离开。而且针对这种行为他还在宿舍里对学生们进行了宣传和鼓动。针对这个问题,我感觉应该具体问题具体分析,必须让他认识到自己错在哪里,于是我采取了"小事化大"的战术,准备把这个问题与家长平面化。由于工作经验甚少,我向其他老教师、老班主任请教此次事情的处理方式。在此次事件的处理上,我也有些激动,本想和他父亲一起教育他,但是考虑到其家庭的特殊性,可能这种方法并不妥当。虽然表面上他最终承认了错误,写了保证书,但是从他的眼神中我感觉到我并没有完全成功地达到教育他的目的,这让我心里一凉。

在后面的相处过程中,我就秉持公平公正的态度与他相处,有什么问题就耐心地与他交流沟通。在我们最后一次交流的过程中,我能明显地感受到他态度的转变。

对于小峰而言,特殊的家庭情况造就了他敏感而又好强的心理,所以在对待他的问题上,应该既有特殊性又有一般性,而且有些事情,不一定非要急于一时立马解决,有时候缓一缓、放一放,效果更好,尤其是作为老师,应该让自己保持冷静地处理事情。

八、留守学生伴我成长(山东省平度师范学校　李永杰)

2021年9月,我接手了我来平度师范学校后的第二批学生——2021级学前5班,这个班级是由来自青岛各个区市的43名学生组成的大家庭。虽然是第二批学生,但是我心里仍然害怕、忐忑。因为中职生群体有特殊性,他们在初中时期大部分成绩不是很好,基础知识差,学习热情不高,意志薄弱,怕吃苦、怕困难、心理脆弱,给老师的教育教学、管理等都增加了很大的难度。

著名心理学家马斯洛把人的需求分为生理需求、安全需求、爱和归属感、尊重和自我实现需求5个层次。我这个班级中,有5个学生父母离异,他们最缺乏关爱和鼓励,作为一名有多年工作经验的班主任,我一直特别关注离异家庭学生这一特殊的群体。其中一名叫小罗的学生引起了我的关注,开学之前,她妈妈打电话告知我,该生出了交通事故,军训不能参加了。借此机会我也向其妈妈了解其家庭情况:父母在她很小的时候就离异了,一直跟母亲生活,但是母亲在青岛市区开了一家服装店,该生平时跟外公外婆生活在胶州。该生返校后,经常借故请假,我原来规定请假一定要家长打电话才能批准,但这位学生的妈妈也是非常奇怪，每次都会打电话过来，好几次我都打算跟家长沟通一下，想让她严格要求孩子，不要随便请假，但她每次都是匆匆忙忙挂断了电话。期中考完试，小罗又来我办公室请假了，这一次请假的时间是一个星期，我问她有什么事情要请这么长的假，她说，这是私事。当我再追问，她显得很不耐烦，又说，是身体不舒服，要去看医生。我当时觉得她是在找借口想逃避学习，就对她说，如果你确实身体有问题，就请家长给我打电话或者拿医生证明来吧。她立刻拉长了脸，大声说："来不来上学是我个人的自由，向你请假已经很尊重你啦，你还想怎样？"我的脑子被震得嗡嗡作响，我没有想到她会如此激动，这么没礼貌地朝我吼叫。我气得浑身发抖，但还是控制住自己的情绪，对她说："你父母把你交给学校，我是你的班主任，老师必须对你负责任。"听了我的话，她不好意思地低下了头，当她抬起头的时候已经是满眼泪花了，她哽咽地说："其实我只是想待在妈妈身边照顾我妈妈而已。"看到她这个样子，我也觉得十分不忍心，赶紧把她拉到办公室的走廊上，听她慢慢诉说心事。原来，这个学生从初一开始就已经是留守儿童了，妈妈在青岛开店，工作非常辛苦，平时很少回家。这一次，妈妈在青岛发生了意外，磕断了腿，没有人照顾。这时候我才明白，站在我面前这个身材单薄的小女生是多么坚强，她一直以来都坚韧地生活着，她要独自承受多少超越她这个年龄阶段的困难与挫折。她妈妈因为工作忙，打电话不方便，母女两人都是靠发手机短信联系的。之前她每次请假我都要求她妈妈给我打电话，她觉得影响到她妈妈工作了。后来，我也采用发手机短信的方式和她妈妈联系，这样的联系方式非常适合工作比较忙碌的家长。与家长的联系多了，学校和家庭形成一股合力，小罗请假的时间慢慢变少了，学习成绩也提高得比较快。留守学生需要更多的爱和关怀，班主任不但要经常与家长联系，还要考虑联系的方式，才能取得良好的效果。

班主任工作千头万绪，要面对的学生和家长都是不同的，班主任一定要善于反思，及时调整工作的方法和策略，才有利于提高工作效率。经一事长一智，作为一名普通的班主任，我的专业成长道路就是由一件一件的小事积累起来的。在此，感谢留守学生与我相伴、促我成长。

九、双向沟通　尊重信任（山东省平度师范学校　张家跃）

【背景】

我所管理的 2022 级小教 1 班，共有学生 50 人。其中男生 8 人，思想活跃，易于接受新生事物,但学习目标不明确,学习能力差,学习主动性弱,纪律散漫,这无疑加大了班级管理的难度。班级成绩呈纺锤形,级部前二和倒数两人都在我们班级。不少学生个性突出,容易针尖对麦芒,出现纠纷时会复杂一些。在班级管理的过程中,我很明确的一点是,学生既是管理的对象,也是管理的主体,教育的过程是师生之间不断交流的过程,既有各种信息的发出和反馈,又有情感的相互交流。教育学生的前提是理解学生,理解学生的前提是了解学生。所以,一切当从"了解"开始。如果老师不能了解、贴近学生的内心世界,就会增加施教的难度。要建立和谐的师生关系,老师就要尽力开启学生的心灵之门,感受学生的感受。有这样一个学生思想态度的成功转化让我记忆犹新。

【案例描述】

小吴(化名)平时和同学关系不错,性格开朗,喜欢运动。但是他有个缺点,上课听讲不太积极,脾气暴躁。书法课开课两个多月还没有书写工具,任课老师批评了他,他情绪很低落,向老师承认了错误,但上课仍提不起兴趣,成绩也长期垫底。小吴经常被扣量化分,明明是自己犯错,却归因于学校管得太严太细,临近期末扣到了 60 分以下。此后,他就开始变本加厉地出现各种各样的问题,学习不再专心,纪律不再严格遵守,不仅影响到自己,也影响了班内的其他同学。我总是不厌其烦地进行教育,严厉的,温柔的,动之以情,晓之以理,讲是非之分、做人之道等,因为我认为对于这种脾气的孩子,耐心地给他讲道理,会比只去严厉指责的效果好很多。虽然每次都有所得,但是对于孩子来说,当他养成了不好的习惯,他的反复就会很频繁。我想我应该找个时机,让他进行一次大的转变。

新学期学习课间操,成了我们师生关系的转折点。他的动作很不标准,我把他留下来,进行了个别谈话。他的眼神一开始很不友好,他觉得自己就以前相比做得已经很到位了,不觉得自己错,而且当我说到一半的时候,铃声响了,他想回去上课,我想,如果今天我不把他说服,那么我的教育就没有任何的意义。于是我深吸了一口气,开始转变谈话角度,谈到了我自己、我和他的关系,也谈到了他身上的毛病,谈到了他的未来、他的人生之路等。我对他说:"小吴,我可以告诉你,现在能够直言你缺点的人才是真心为你好、关心你成长的人,你以后的人生中会遇到形形色色的人,但是只有那些告诉你有错的人,才是真正值得你信任的人……你现在身上的毛病很多,学习也很不积极,你要明白,来到学校是有重要的任务的,我相信你是个懂事明理的孩子,应该能分清主次。学习的困难,我们可以团结起来一起克服⋯⋯互相帮助才能使我们每个人有更大的进步。你现在的状态很不好,如果你是对老师有意见,那么你可以直接提出,好的建议我一定接受并对自己的问题加以改正,我只是想在我的能力范围内帮助你们每一个人实现自己的理想⋯⋯"小吴边听边点头,虽然这次的他没怎么说话,但是我感觉他真的听进去了,我觉得这次的谈话还是很有效果的。最后,由于外面天气很冷,我们都穿得很少,于是我带着他在操场上慢跑了几圈,一边跑我还一边对他说:"小吴,看着脚下,你的每一步都有一个痕迹,你的路是靠你自己走出来的,如果不想把它走歪,你就要落好自己的每一个脚印⋯⋯"

通过这次谈话我体会到班主任工作对一个学生是多么重要,我的工作是有希望的有成就的,更是有乐趣的。也许每个学生的心都像上了锁的大门,任你再粗的铁棒也撬不开。唯有教师付出真诚的关怀和发自内心的师爱,才能把自己变成一只只钥匙,开启学生心灵的大门,深入学生的心中。

【案例分析及反思】

我认为,转化问题学生的过程,是师生之间情感交融、心理相容、双向交流、相互尊重和信任的过程,像小吴这样的问题学生平时多遭老师的冷落,自卑有余,信心不足,对老师也没有好感。如果班主任像对待其他学生一样尊重他们的人格,尊重他的权利和义务,与他心心相通,以诚相待,给他们创造一种和谐的氛围,对于激发他们的自我转变的主动性和积极性是很有效果的。

班主任在与学生进行"对话"时,除了要真诚、细致外,还必须要充分尊重学生的人格和情感,应多用商量式的语气、建议式的口吻。不能不顾学生的意愿、情感,强迫学生接受自己的意见,把自己凌驾于学生之上,应靠爱心、理解和尊重帮助学生取得更大的进步。

在这次事件中,我发现了自身认知的局限性,没有花时间去挖掘学生内心。以这次事件为契机,我会认真调整自己的工作态度,努力去接触他们,做学生心目中的好老师,更做他们心目中的知心朋友。

十、家校合作 共筑教育孩子梦(山东省平度师范学校 张超)

我们都清楚,在社会环境日益复杂的市场经济条件下,单纯的学校教育远远不能满足众多学生身心健康发展的需要,必须与家庭、社会携起手来,构架学校、家庭和社会的育人网络。家长是孩子的第一任教师,社会是育人的大环境。

我利用家访、电话、微信等途径与家长保持联系,及时反映学生在校情况,了解学生校外动态,共同帮助学生改正不良习惯和错误,解决学习和生活中的困难,共同做好问题学生的转化工作。一个孩子的成长过程离不开学校教育,学校教育需要家长的支持,家庭教育需要学校给予科学的指导。只有学校教育与家庭教育步调一致、相互补充、形成合力,教育才能成功,因此说学校和家庭是一对不可分离的教育者。

学生今天身上存在的一些不良习惯,和家庭教育多多少少有一定的关系。我们班有这样一名学生:刚入学时,她就以"每天需要和妈妈通电话"为理由和我申请使用手机,果然不多久,她就因为违反了学校的手机使用管理规定而被学生会没收手机,于是她在晚自习期间哭哭啼啼地找到我,让我帮她把手机要回来。像这种纵容学生错误的做法我肯定不会答应,并且还和她进行了一番谈话,使她认识到自己的错误,并且让她明白,敢作敢当,要勇敢承担自己做错事的后果,做事情之前先想清楚自己能否承担后果,如若不能,不要做。她答应得很好,并且也做了保证,就回班学习了。

大约几分钟后,我接到了这个学生的家长发来的微信消息,说孩子刚刚来电话,在电话里哭着闹着要回家,不上学了,不然就跳楼。我听后,心提到了嗓子眼,身为一名年轻班主任,我没有遇到过这种情况,而且刚刚还答应得好好的,为什么这孩子转身给家长一个电话,就像变了一个人一样。

我冷静下来,将这件事进行了梳理,发现学生在和我谈话的时候表现得非常配合,和家长通过电话后就开始任性,显然,这件事的原因出在家长的身上。当天晚上,我先动之以情,晓之以理,稳住了这名学生,并决定和这名学生的家长好好谈一谈。

好在她的家长非常配合,第二天一大早,还是大雾天气,夫妻两人就匆匆从李沧赶来学校,两位家长对我工作的支持与配合让我很感动。我首先感谢了他们对我工作的支持和配合,表明我今天请他们过来是想和家长一起帮助该生改掉不好的习惯,并不是因为她犯错误我才请家长过来,而是真的想要和家长好好沟通,让家长多方面了解孩子的情况,同时我也能更好地对该生开展教育工作。两人听了以后表示愿意配合老师的工作,说知道自己孩子身上存在很多的问题,和他们的家庭教育有一定的关系。我简单叙述了一下没收手机的事情经过,还对父母交代了该生对手机比较依恋,而手机的危害又有很多,并说明学校对手机的管理规定是有原因的。父母听了我的叙述以后表示,孩子确实对手机比较依恋,前一天孩子打电话就开始哭诉自己很委屈,家长听后自然很着急,也没有考虑到学校做这样的规定是有原因的,于是给了孩子坚定的"支持",但是听我这样一说,他们清楚地知道了自己孩子身上的问题,并表示支持学校这样的严格要求与规定。

我当即对他们表示了理解,同时劝解道:"孩子身上还是有很多优点的,这个孩子心地善良,有时也知道老师对她的好,懂得感恩。"讲了一个该生曾经让我很感动的事情,并列举了该生在校时的一些好的表现,表示我对该生并不会放弃,我还是很喜欢这个学生的。父母听了以后面色有些缓和,表示了对老师的感谢。我觉得有必要给该生的父母提出关于家庭教育的一些建议。

① 希望回去以后沟通一下关于孩子的教育问题,最好家人能达成一致,不要祖护和溺爱孩子;

② 在出现问题以后,千万不要听取孩子的片面之词,因为孩子还不成熟,只会站在很幼稚的立场上考虑问题,一定要与老师及时沟通、联系;

③ 不要纵容孩子的错误,现在不改正她的问题,将来就会成为大问题,到时后悔也来不及了;

④ 做家长的关心儿女是好事,但是孩子大了,应该给孩子一些自己的空间,让她尝试着自己的事情自己解决,不要太娇惯孩子。

该生父母若有所思,并答应尽力做到,我把该生叫过来,当着她的面再谈一些问题,她提出想要回家一天调整一下自己,我认为这个时候调整好心态比学习重要,只有心态调整好了,学习状态才会好,所以我答应了她的请假要求。她也保证一天后,以全新的面貌回归学校的学习与生活。

就这样,将近一年的时间快要过去了,经过我无数次的提醒、鼓励,以及及时跟家长沟通,让家长积极参与孩子的教育中来,我发现该生的进步非常快,再也没有因为对手机的依恋而产生问题,下学期我还让她担任了班干部,她学过主持我就让她当小老师领读。她的聪明才智发挥出来了,学习兴趣越来越浓,上课经常能看见她勇敢地举起手积极回答问题,学习成绩也进步了,经常受到表扬,在纪律方面也有很大的进步。从她身上我感受到:赏识与爱并存,家校合作能撑起一片蓝天。

　　当孩子出现问题时,班主任要主动与家长取得联系,和家长共同承担教育孩子的责任。班主任和家长是利益共同体,是一个战壕里的战友,为了我们的孩子应该并肩作战。只有共同面对来自学生教育中的种种问题与挫折,才能取得多赢的战果。

第三节
德育故事

一、五大课堂助高质量建班　培根铸魂育新时代新人（山东省平度师范学校姜小丽）

建班育人工作是一项系统工程,具有很强的科学性和内在逻辑,作为学校团委书记,如何发挥本职作用,助力班主任建好班、育好人,构建具有鲜明特色的班集体,是我近几年不断思考并深入实践的重点。

在"蒲公英"班建设过程中,我与班主任密切沟通,在共同完善班级建设方案的基础上,围绕"德、文、技、能、力"五个核心,为该班量身创设了德育课堂、正向课堂、职业课堂、活动课堂、共育课堂等五大课堂,对塑造班风学风、厚植职业情怀、锤炼过硬本领起到了有效助推作用。

(一)助力理想信念建设,让"德育课堂"的"使命感"更强

实践中,我依托学校"文德修身"的德育品牌,以培养学生良好思想品德和健全人格为根本,充分挖掘各类节日所蕴含的丰富德育资源,融合属地地域特色,将节日活动序列化,设计了 10 个单元 30 课时的系统特色德育课程——"四时有'节'　知行致远",旨在根据班级学生的认知特点和成长规律,通过立体全覆盖、精准浸润式的系列化课程,培育学生奉献、团结、坚韧、自信、仁爱的优良"蒲公英"品质。同时配套设计了大量贴近学生、贴近生活、贴近实际的教育活动,如"紫丁香"志愿服务、班级辩论赛、党史学习教育主题团日活动,极大地激励了他们悟学求索、立志笃行的责任感和使命感。

(二)助力班级文化建设,让"正向课堂"的"激励性"更浓

从新生入校开始,结合该班塑造"团结友爱、志存高远"的班风、"乐学善思、至臻笃行"的学风两大目标,我根据学生之前行为习惯较差、自律意识薄弱的现实,协助班主任从养成教育入手,以学校综合素质测评制度为抓手,在该班级内实行"综合积分"办法,深入打造"正向课堂"。通过将个人日常行为量化,学习成绩、参加活动情况等各类因素有机结合,建立人人比拼、小组比拼、班级比拼的激励机制,全方位激发学生自主性和积极性,营造了班风正、学风浓的良好班级氛围。

(三)助力专业技能建设,让"职业课堂"的"报国志"更实

作为学前专业学生,优异技能是未来从教的基础保障。如何帮助入校时只有 15 岁的青少年尽快形成强烈的职业认同感,是摆在我们面前的现实问题,也决定了各类专业课程能否顺利推进。为此,我以学校"能说会道、能写会画、能唱会跳"的要求为切入点,设计了学生容易接受的"晨读、午练、晚讲、两唱"四类"职业课堂",辅之以教师点评、老生帮练,在日复一日的锤炼中塑造耐心、专注、坚持、严谨的工匠精神,磨炼不懈怠、不抱怨、不虚度的工匠品质,提升匠心逐梦、技能报国的自觉性、主动性。

(四)助力学生个性发展,让"活动课堂"的"中国梦"更坚

作为中职学生,其专业技能的熟练掌握,除了正常课堂教学渠道之外,还需要借助于大量的实践活动支撑。为此,我依托学校文德修身德育系列微品牌活动,结合市教育局"十个一"项目行动计划,以诸多学生社团为载体,让每一名学生都参与到"活动课堂"中去。两年下来,学生特长在活动中得到充分发展,如班级同学参与的舞蹈社团《石榴红了》在青岛市中小学生艺术节展演中获一等奖,并被青岛市教育局推送到省级艺术节展演参赛;班内 5 名同学参与的啦啦操社团连续两年获青岛市艺术节展演一等奖;多名同学在校级比赛中获奖。丰富的活动平台让学生得以张扬个性、增强自信、提升技能,同时在过程中注重磨炼品性,强化立志与成才的个人梦与中国梦教育,取得了良好效果。

(五)助力协同育人建设,让"共育课堂"的"烟火气"更旺

教育是党之大计、国之大计,学校要为党育人、为国育才。发挥学校主导作用,整合校内外因素,促进家校社协同育人,构建"时时、处处、人人"的立德树人体系,是我们作为教师贯彻新时代党的教育方针的基本遵循。基于此,我发挥团委外联内通优势,着力为该班打造由班主任、任课教师、家长、职业导师、

社会人士等不同群体构成的协同育人团队,努力构建全环境"共育课堂",助力学生健康成长,把协同育人的火焰烧得更旺。

以"五大课堂"为载体,在"蒲公英"班实施特色德育课程是我们的一大尝试,经过两年的实践,取得了诸多成绩,在此不再一一赘述。我们会总结反思,逐步完善,最后推而广之,助力更多的班主任建班育人,助力更多的学生成长成才!

二、退一步,遇见精彩(山东省平度师范学校 王晓慧)

这一年我所管理的班级是高一2班,我班共有学生45人,女生43名,男生2名。学生学习基础总体薄弱,一些学生学习习惯较差,部分学生缺乏上进心,还有一些学生存在比上不足比下有余的心理,只出工不出力,每天进了教室坐在那里发呆,上课、上自习说话或睡觉,课间在教室或楼道打闹、奔跑、大呼小叫,给班级管理带来很大难度。

我班里有个学生,名叫曹雯(化名),讲义气,跟同学关系处理得很好。但性格敏感暴躁,遇事冲动,初中换过3所学校,纪律意识差,行为习惯非常不好。上课时常顶撞老师,事后会认识错误,但是常常刚刚认错,又犯下一个错误。

刚开学这天,教室外传来一声"烦死了,我自己就办了,你快回去吧"。我循着声音朝门口望去,一对母女前后进了教室。母亲40岁上下,拉着一个行李箱。女儿身穿白色T恤,浅蓝色牛仔裤,学生气息十足。可在学生当中,她又给人一种异样的感觉。我注意到她戴着耳钉,画了眉毛,头发也是染过的。这是我第一次见到曹雯。登记完信息后,曹雯母亲离开的时候,曹雯去送她。然后一上午我再也没见过她(后来知道,送走母亲后,曹雯找了一个角落,玩了一上午手机)。

开学第一周,我望着502宿舍厚厚的扣分单,有些茫然失措。床铺不整,地面不净,铃后不静,床上玩手机,22:20说话。502宿舍好像把宿舍管理手册上的所有扣分项都违反了一遍,当然,有的扣分项还不止一遍地违反。级部主任也不止一次地找我。

面对这样的局面,我找了502宿舍的8个人谈了一次话。严厉地批评了她们。那天我真的很上火,说话声音也比较大。确切地说不是说话,应该是吼。整个楼道都能听见我的声音。

然后,我又从良好作息的好处,谈到了一个人的道德修养,又说起了行为习惯的养成。也提到了学校关于违纪学生的处理，甚至还给她们透露了学校在开学初期会严惩一部分违纪学生的消息（我编的）。这几个女生都表示会改掉不良习惯，尽快适应职高生活。

谈话结束的前两天，风平浪静。一切看起来都像是朝着好的方向发展。我也认为她们会开启自己正规职高生的生活。但是随着时间的推移，我慢慢地发现：502 宿舍除了曹雯，其他人已经适应了高中的节奏，内务和学习也都让人放心；可是曹雯却朝着相反的方向渐行渐远，就像一个锥子放在布囊之中，尖头显现出来了。

这天，班主任微信群发出了几条信息，还 @ 了我。我打开一看，才知道是502 宿舍顶撞宿管。微信群里的一张照片特别扎眼，上面写着"宿管与狗不得入内"。这个时候我都快要气炸了。回到班级，马上调查落实。果然不出所料，是曹雯写了字条，又把它贴在宿舍的门上。

这样的丑闻之前从未出现过，学校很重视，决定必须严惩。处理结果是，曹雯因不服从学校管理，回家反省一个周。学生离校必须家长来接。这时候我对曹雯已经发不出什么火了。"无语"像一片乌云，笼罩在我的头顶。可我耐着性子跟曹雯，还有她母亲，进行了一次谈话。

我着重谈了父母生活的不容易。无论多么不容易，父母都会毫不犹豫地供孩子上学。因为吃过不念书的苦头，父母不想让自己的孩子再遭不读书的罪。

交谈中得知，曹雯来自一个单亲家庭。父母离婚后，母亲独自一人抚养她。她母亲工作比较忙，平时很少管她。

在办公室，面对坐在旁边的母亲，曹雯低下了头。最后她掉着眼泪做出了服从学校管理的保证。她离校后，我内心感慨着，希望这次家校共育能起到作用。

生活总会和你开玩笑，甚至还会欺骗你。她返校回来的第二天晚自习，我值班。在教室溜达的时候，我隐隐约约看到曹雯桌洞里有灯光亮出。我怀疑是手机。我说道："曹雯，把桌洞里的东西拿出来。"她一点反应都没有。"曹雯，出来一趟"，我又说。她声音很大地说："我不出去。"全班人都看着我俩。当时，我有些蒙，我从没有见过学生用这样的态度跟老师说话。如果硬碰硬的话，场面会很难看。难看的场面对我管理整个班级是极其不利的。我想我需要冷静，转身离开了教室。从教室出来的我，在走廊上来回走着。一是听班里的反应（班里整节课鸦雀无声）；一是在想着对策，脓疮总是要挤的。直到下课我才回办公室。

第二节课上课铃还没响，我就来到了教室门口。正好曹雯不在教室，我暗自松了一口气。因为我担心再次出现两人在全班对峙的局面。不一会儿，曹雯从楼梯走了上来（教室在五楼），我叫住了她。

在走廊上，我又开始了言谈说教。我十分清楚，像曹雯这样的性格，强硬的态度只会把她推到我的对立面去。这对于解决问题，无异于缘木求鱼。

我说出了我自己都不相信的话："曹雯同学，上一节课，我在没有依据的情况下，大声呵斥你，是我工作失误，向你道歉。"说完后，我仔细观察她。好似即将爆炸的火药桶被浇了一盆水，皱着的眉头舒展开了。大概有 10 秒钟她没有说话。我接着说道："当然，自习课上应该完成作业，把精力都放在学习上，不能做小动作。"我还没有说完，曹雯抢着说："老师，是我不对。我不应该顶撞您，也不应该上课玩手机，这是手机。"说着从口袋里掏出一部手机。我制止了她，并说："你有这个态度，老师很欣慰。希望这件事对你、对我都是一个教训，让我们都明白各如何去做。同时，老师也相信你，我相信你会严格要求自己，不会再上课玩手机了。手机暂时先放你自己手里，如果再有一次，那么手机必须没收。"曹雯面带感激，点头答应。

语言的力量是巨大的。从那以后，曹雯有了很大的变化。违反纪律的频率降低了很多。每当她又违反纪律的时候，我都会找她谈话。在不断地谈话中，我们的距离拉近了。我们变得无话不谈。后来，她当了我们班的班长。很难想象曾经违反纪律的刺头，变成维持班级纪律的班长。后来她还担任学校晚会的主持人，代表班级参加学校辩论赛获得冠军。

曹雯在大一放暑假的时候，非要请我吃饭。席间向我敬酒说："老师，不！慧姐，真多亏了你。没有你，我可能已经放弃自己了。"听了这句话，我微微一笑，朝窗外望去。几棵法国梧桐在太阳底下撑起了一片树荫，树叶缓缓摇曳，隔着窗户也能感受到烈日下的一丝清凉。

学生来到世界不久，都有好奇心，各种社会现象对学生的心理干扰也十分严重，这些都干扰着学生的认知，导致有的学生什么都想尝试、探索，这个过程难免会犯错。家长也好，老师也好，切记草率行事，要关注学生的心理，不要把学生的小错认为是洪水猛兽，不可饶恕，要冷静下来分析原因，找到切实可行的处理办法。案例中，我并没有立马大发雷霆，而是顾及该生的面子，适当地退一步，给予充分的理解和谅解，同时冷静地思考。学生对自己的所作所为十分敏感，尤其是当自己违背纪律后，随时都在搪塞或掩盖事实真相。本着弄清事实的目的，委婉、平等地与其交流，尽量注意语气的平和、语态的自然，切忌说话太过零碎，否则，他们会十分反感，你指责或教育他十句，或许他一句都没听进去。更重要的是培养师生之间的感情，有了感情才会有信任，有了信任说的话自然就有分量。

总之，人生活在集体中，不论大人小孩都爱面子，喜欢受到尊重，渴望得到关爱，我们冷静处理、平等交流，重视教育对象的心理感受，以情感人、以理服人，一定会有可喜的收获。适当地退一步，遇见精彩！

三、没有手机的日子（山东省平度师范学校　于琳琳）

随着科技的飞速发展，人们的生活越来越信息化，手机的出现，带给人们强烈的心灵震撼，人们的日常生活也似乎突然间活跃了起来，"闲暇"的时间少了，"忙碌"的身影多了，但，这真的是好征兆吗？

如果突然有一天不玩手机了，你们都是怎么度过的？现在的人越来越依赖手机，像我就是，手机没电就感觉慌了，我的手机除了充电的时候基本都是在身上的，如果手机不在身上的话就会感觉很没有安全感。

我班上的小 B，父母 60 多岁，家庭条件优越，但是在行为养成上存在很大问题。经了解，小 B 之前有哥哥，高中跑操过程中心脏突然出现问题去世。因此家长对小 B 极其溺爱，有求必应，疏于管教。孩子长期处于这样一种环境中，做什么事情都很随意，自律性极差。

某节自习课，我走到教室门口，发现大家都在认真学习，只有小 B 一直低头在看什么，我慢慢走过去，这时他听到动静，迅速地把手里的东西放进桌洞。其实，我能猜到他刚才是在玩手机，因为这个周他给我交的是假手机，而我还没有找他谈话。我没有说话，只是轻轻伸出手去，谁知他的反应相当激烈："你凭什么收我手机，你没有没收他人财物的权利！"我心里的火一下升腾起来，我倒有些紧张了，如果小 B 就是不肯交，那我这个班主任该怎样下台呢？我把他叫到走廊上，说："老师没有说没收，只是暂时保管！"小 B 虽然还是不情愿，却也不好再争辩，把手机交到了我手上。

该学生日常的主要表现如下。

生活散漫、纪律意识不强，做事没有计划和目标。在上课过程中爱听就听，不爱听就睡觉、玩手机；作业基本完不成或者照抄别人。假期中作业没有一次

是完成的,网课期间每天睡到日上三竿。我多次找家长谈话,家长给出的态度
也是:"我们晚上玩游戏到凌晨,我们白天就是起不来,你就让我们睡吧。"

在与同学的交往过程中,过于自私,以自我为中心。同学无意中一句话伤
害到他,他便会找适当机会报复。同学和老师对他这个问题反复提醒,改进仍
不明显。但值得欣慰的是,他很信任老师,有什么事情都愿意和老师沟通,但沟
通过程中带着明显的以个人角度看问题的态度,不懂得换位思考。

沉迷网络,迷恋手机。我们 18 级一直采用平时由班主任保管手机,周五晚
上归还手机的政策。但他交给我的备用机被我发现了三四部,他总是可以弄到
新的手机,与其父母进行沟通,父母意见也一直不统一,相互埋怨。爸爸说:"我
从不给他惯这些毛病,一直很克制他的零用钱,不听话就揍,都怪他妈妈,整天
对他溺爱,有求必应,手机都是他妈妈给的。"妈妈说:"我们家小 B 身体不好,
有心脏病,他不能生气,我不给他买,他就心脏病发作。"但我让其开病例证明
时,他妈妈又说:"我们身体那么好,不用开证明,你就让我们玩手机就行。"我
想,这也是前一个孩子对妈妈所造成的阴影。

可以说,小 B 成长到今天,对手机的依赖尤其与其妈妈的溺爱是分不开的。

对此,我采取了以下对策。

这位学生由于性格比较偏激,所以我认为不能和他硬碰硬,最后两人协商
一致,每天早操前将手机交给我,下晚自习后我将手机还给他,允许他在睡前玩
一会手机,然后要求他再写一个《没有手机的日子》的随笔。

两周后一份随笔放在我的办公桌上:

"没有手机的第一天,非常不习惯,经常性掏一下桌洞和口袋,一直盼望着
晚自习结束,手机赶紧回到自己身边。第三天的时候已经有点习惯不用手机了,
上课也不再一直摸手机盼着下课,慢慢开始认真听课,发现认真听课就会感觉
一节课的时间特别短,尤其新安排的同桌学习特别努力,也带着我有了学习的
念头。一周后我已经很习惯没有手机的日子了,虽然有点想念有手机的日子,
不过没有手机过得也很充实,不用手机查答案问"百度",问同学和老师也是一
样的。两周后我对手机已经比较无感,倒是课外活动时间看同学们踢毽子、打
羽毛球更有兴致,迫不及待地期待课间活动。

总之,没有手机的这段时间我感觉整个人充实多了,上课也开始认真听课
了,反而到了晚上拿到手机的时候不知该用手机干什么了,拿上还有点怪怪的
感觉。"

在一次班会上,我针对小 B 同学手机的事情,召开"手机的利与弊"的辩论会。最终学生达成共识:手机可帮助我们获取更多资讯,给我们的学习、生活带来一些便利,但我们在学习生活中不能过分依赖手机。大家都支持班上的规定,手机在工作日时间必须上交,到了周末再与家长进行联系。班上的手机潮终于得到了彻底的平息,备用机的数量也越来越少了。

关于处理方法的反思总结如下。

① 面对学生玩手机,应尽量减少影响的范围,不应该当着班级内同学的面进行太多语言暗示。

② 在没收的时候,我没有采取过激的言语刺激,以"暂时保管"替代"上交"。

③ 在遭遇学生的消极对抗之后,做了适当地让步,主动降低目标,保住底线(上课玩手机是违纪,要有一定的惩罚,不可以简单地归还)。

④ 没收手机之后,我采取的方法是用随笔代替检查,让学生自己反思行为。

⑤ 因势利导,借此事件召开辩论会,让学生真正明确手机的作用,自觉遵守校规。

⑥ 加强与家庭的联系,加强与家长的沟通,从家庭教育着手,努力从根本上解决问题。

学生的德育管理工作繁杂艰巨,需要我们从点滴做起,怀着一颗充满爱的心,用爱去感化学生,细心帮助他们,相信他们也会做得越来越好。

四、让自信浇灌成功的花(山东省平度师范学校 顾秀雯)

【背景】

承蒙校领导的关照,本学期本人有幸担任了 2019 级学前教育 1 班的班主任。经过三年的在校生活,学生转眼就将步入大一。本以为高年级的学生总不会令人费心,结果一学期下来大事是没犯,但小事也不断,让人头疼的事也不少。在此只列举一二,以便今后开展班级工作时有所借鉴。

【案例描述】

信心的力量是惊人的,它能够改变恶劣的现状,带来令人难以相信的圆满的结局。充满信心的人,永远击不倒,他们是人生的胜利者,自信能够克服万难。有人说,有方向感的信心,可令我们每一个意念都充满力量。当你有强大的自信心去推动你的成功的车轮,你就可平步青云,无止境地攀上成功之岭。班里少数的同学对学习缺乏信心,对此我在工作中十分注重以下做法。

1. 培养学生良好的心态

我们务必面对这样一个事实:在这个世界上成功卓越者少,失败平庸者多。古往今来,成功人士的首要标志,在于他的心态。一个人如果心态良好,乐观地应对人生,乐观地理解挑战和应付麻烦事,那他就成功了一半。因此,学生在失败和挫折面前保持良好的心态是十分重要的。

王某是我们班的中下水平学生,尽管学习很努力,但各科成绩并不优秀,这样的结果使他十分失望,情绪低落。为此,我们有过几次很长的谈话,我和他谈到了海伦凯勒如何克服自己眼不能看,耳不能听,嘴不能说的三种痛苦,终生致力于社会福利事业,获得成功。我们还谈到了爱迪生,在几千次失败的实验面前,也绝不退缩,最终成功地发明了照亮世界的电灯……如果这些人在失败面前丧失信心,将会一无所成。经过这几次谈心,他重新树立了自信,走出了情绪的低谷,学习成绩有较大的进步。

面对本班学生的不自信,我尽量让他们懂得:"这个世界上没有任何人能够改变你,只有你能改变自己。"生活中,失败平庸者多,主要是心态有问题,遇到困难,总是挑选容易的倒退之路,结果陷入失败的深渊;成功者,遇到困难,仍然能保持良好的心态,所以他们成功了。在教育教学中,我始终让学生在心底记下"我行,我能"等意念,鼓励自己,于是便能想尽办法,不断前进,直至成功。

2. 经常使用激励的语言赞美学生

莎士比亚以前说过这样一句话:"赞美是照在人心灵上的阳光,没有阳光,我们就不能生长。"在与学生的交往中,适当地赞美学生,会强化一种和谐、温暖的感情,而且,以鼓励代替批评,以赞美来激发学生潜在的动力,促使他们自觉地克服缺点,弥补不足,比去责怪、去埋怨会有效得多得多。

我班的周某是一名性格孤僻的女生,一开学我就发现她对老师有一种戒备心理,在班里与同学交往甚少,常常流露出对生活的厌倦之情。但她文笔不错,上课的时候,我常常表扬她,赞扬她是一位有爱心又懂事的女孩。时间一长,她逐渐消除了对我的戒备心理。后来,她性格也开朗了,我感到很欣慰。我认为赞美具有一种不可思议的推动力量,对别人的赞美就像荒漠中的甘泉一样让人心灵滋润,受到赞赏的人能激发出一股自信与冲劲而引发出潜力。有人说,信心是奇迹。愿我们每一个教育工作者,都能成为学生的"心理建筑工程师",使每一个学生在各自的生命旅程中永远信心百倍,不惧挫败。

【案例分析及反思】

我认为,信心是学生进步的动力,只有让学生看到了自己身上的力量、自身的价值,对未来怀有信心、怀有希望,才有利于他们的成长。班主任工作是辛苦的、琐碎的,有喜有忧,有乐有悲,但也是最有价值的、最有好处的、最幸福的。在日常班务管理过程中,班主任要在自己的实际工作中不断总结积累经验,虚心向他人求教,不断提高自身素养和管理水平,但不可完全搬套他人的工作经验和方法,要切实根据自己班的班情进行创造性的个性化管理。几年的班主任工作经验告诉我:当好班主任就是要诚信在先,一视同仁,学会宽容,学会交流,一张一弛,严而有格。当然,我也时常告诫自己:尽自己的最大努力教育好每一个学生,帮学生健康成长,让他们明白"阳光总在风雨后"的道理。

五、我的教育故事 1(山东省平度第一中学 刘晶晶)

我走上教育岗位已有三年了,一心想兢兢业业地做好本职工作。总是想把自己学到的传授给学生,充满了自信心和使不完的劲。但是最近一个学生的学习状况把我愁坏了。

最近一次考试,小萍同学的数学成绩太差。我顿时感到很心痛,她平时上课就十分懒散,更别提动脑筋举手发言了,这样发展下去,会影响她的成绩。我心里十分着急,决定与她好好谈一次。为确保谈话有成效,我先认真研究了她的试卷,结果发现她答对的题目也有半数是猜的,之后我又从其他老师那里了解到小萍是一个十分有个性的学生,懒惰,作业常常拖拉,对学习满不在乎,但十分爱劳动。心中有了底,一次课间活动时,我叫住了小萍,她不情愿地走到我面前,我问:"明白老师为什么找你吗?""明白,考试没考好呗!"她头偏向一边,双腿还在晃悠,毫无表情地说。"什么原因你明白吗?""没复习。"真是满不在乎的样子,甚至还带有些许挑衅。"那你打算怎么办呢?""我不会做!也没有打算怎么办。"听了她的这番话,我都蒙了,但我不能责怪她,否则她会更加失去学习的信心和动力。我又说:"你是个聪明的孩子,而且十分爱劳动,为班级做了很多好事,你明白自己的问题所在。你上课不是不想认真听讲,作业不是不想及时交,因为你心中有好多疑问。对吗?"或许是我肯定了她的聪明,表扬了她的爱劳动,或许是我正中问题要害,小萍开始低下头来,对立的情绪稍稍缓解了。我趁热打铁:"正因为你上课开小差了,做小动作了,这样下去可不行。老师想帮你克服、改掉这些缺点。"

之后,我对小萍强调了两件事。一是认真听讲,下课检查;二是课外活动课时到办公室报到,查漏补缺。约定的时间到了,小萍却失约了。但是,她的作业倒是按时认真完成了。第二天上课,她满脸戒备地望着我,我若无其事地总结同学们的作业状况并表扬了包括小萍在内的少数几个作业认真的同学,而对于小萍失约的事情我只字未提。小萍脸上洋溢着自得的笑容,随后又有一丝不安,整节课她都听得相当认真,还认真记了笔记。下课铃声一响,小萍没有和往常一样从后门溜出去玩,而是怯生生地走到我面前,我很随意地笑着说:"小萍,你有事要和老师说吗?"她手挠着后脑勺很不好意思地说:"老师,我这几天认真听讲了,我还有不会的,我能到办公室请老师帮我讲解吗?""行!"我开心地笑了。从那以后,小萍像换了个人似的,表现十分好,经常找我问问题了,我相信期末她会取得一个好成绩。这就是她的进步。但愿她能持之以恒,更上一层楼。

六、我的教育故事 2(山东省平度师范学校　夏锟)

著名教育家陶行知先生曾说过:"你的教鞭下有瓦特,你的冷眼里有牛顿,你的讥笑中有爱迪生。"教育是一门爱的艺术! 只有这种无私的爱,才能使我们的教育产生无穷的智慧和力量,也能使我们的生活变得更加充实。在三年的教学工作中,我一直从事班主任工作,每天面对的,是几十双渴求知识的眼睛。对于如何让他们健康成长,我在实践中获得了答案。

【背景】

有这样一个学生,名叫小月,这个孩子倔,脾气大,上课不认真听讲,经常违反学校的规章制度。于是,我找她谈话,和她谈学校的各项规章制度,让她做一个让人喜欢的好孩子。她口头上答应了。可时间不长,她又一如既往,真是"承认错误,坚决不改"。真令人头疼,真想放弃,但又觉得身为班主任,不能因一点困难就退缩,必须面对现实! 我下定决心:不转化你,誓不罢休。

【案例描述】

在一次课堂上,我看到不爱学习的小月高高举起了小手,我立刻请她回答,当时她可能有些紧张,回答时结结巴巴的,结果班上另一个同学小丽当场笑出声来。我还没来得及作出反应,只听小月气势汹汹地冲小丽吼道:"笑什么笑！"然后她把手中的课本往地上一摔,摔门而出。见此情景,全班同学都愣住了。当时我想,首先要保证学生们正常上课,其次为了确保她的安全,要立刻把她找回来。于是我立即追出门,叫住她并讲明利害关系,也许是担心成为全班同学的"公敌",她默默地跟着我回到了教室。

下课了,我先把小丽找来,对她进行了批评教育,小丽也认识到自己的错误并愿意向她道歉。又过了几节课,当我发现小月已逐渐冷静下来后,便将她找来谈话。她一进办公室便低着个头——我知道她已经作好被批评的准备,而且是"虚心接受,坚决不改"。于是我换了一种方式:我拉住她的双手,和她说老师理解她,也很生气。听到我这样说,她慢慢抬起头注视我,一脸委屈地说:"小丽太气人了！"这时我知道已经取得她对我的一份信任。于是,我耐心地听她说出心里话,并时不时地点头表示赞同。在谈话中鼓励她要宽容、大度,原谅小丽的错误,最后两人握手言和。在化解了两人的矛盾后,我在班里表扬了小月的举手发言、热爱学习以及宽容大度,也表扬了小丽的知错就改、真诚道歉,教室里响起热烈的掌声。

【案例分析】

父亲长期不在家、自身的性格特点等原因,使小月成了后进生。有鉴于此,我认为可以从对她本人的引导、加强家校联系等方面着手,对其进行教育,加以帮助。

在本事件中,我采用的方法是以温和的口吻、亲切的话语换取她对我的信任,同时,给予充分的时间,在谈话中让她明白老师是她的朋友,让她逐渐意识到自己的错误、了解正确的做法,并调动她的情绪来原谅小丽,并保证下不为例。之后,我再对全班学生进行教育,一方面让学生对两人各自的错误行为引以为戒,一方面见证两位同学知错就改。放学后,我与家长取得联系,并以朋友的角度博取家长对我工作的支持,争取家校教育的配合,促使孩子转变。

七、宽容与信任的魅力(山东省平度师范学校 邢赛)

【背景】

我所管理的高二(四)班,共有学生44人。在班主任工作中,经常遇到一些性格特殊的学生,他们共同的特点是独立意识强,不易倾听别人的意见或建议,凡事从自己的角度考虑得多,站在对方的角度考虑得少,在面对老师的管理时,他们很易冲动,往往会和老师发生正面的冲突。在这些学生身上,即使教育起了一时的作用,也很容易发生反复,使班主任感到非常头痛,处理不好也会在班级管理中产生很强的负面作用。教师必须给予相应的帮忙和心理疏导,促使他们在心理上逐步恢复健康,成绩能不断提高,能力不断加强。古希腊医师希波克拉底曾说过:"了解什么样的人得了病,比了解一个人得了什么病更为重要。"了解了学生的心理特点及其成因后,教师必须有针对性地加强对他们的心理建设,加强对他们的心理监护,使他们的心理健康发展,帮助其树立信心,从本质上转化他们,进一步提高教育实效。

【案例描述】

那是春季学期的一个早晨,我刚来到学校,学校早在高一学生的入学教育时就明确要求学生不能携带手机进入教学区域,可总有一些学生将手机偷偷带到教室,有玩游戏的,有在课间拍照的,也有上课时间发短信看电子书的,作为一位年轻的班主任我认为社会发展了,经济富裕了,要杜绝手机可能比不让学生上课开小差还要难,但我也知道学校的规定有其合理性,没有多少家长在学生上课期间急着和学生联系,而学生拿着手机上课往往更集中不了精力,我们班的李明(化名)就是一位把手机多次带到教室的学生。

那天,当我第三次发现她把手机带到教室的时候,我收了她的手机,并把她喊到了办公室。放学了,办公室没有其他教师,我就开始严肃地进行教育:"李明,你不是第一次把手机带到教室了。如果我没有记错的话,不准将手机带到教学区的规定,截至目前我在咱们班强调了三次以上了。"看她低着头不说话,我继续批评她:"如果拿手机是和父母有什么急事要联系还情有可原,但你拿着手机都在干什么?发一些无聊的微信,拍一些搞怪的动作,再玩一会幼稚的游戏,没有一样是与学习有关、利于学习的吧?当你拿着手机干这些事的时候,你的父母在干什么?在为你能有一个安静的学习环境,不是在田间忙碌就是在马路上奔波,对吗?高二了,17岁了,你不再是幼儿园、小学里只知道玩的小朋友了!你的入学成绩是在咱们班的下游,你想更好还是更差?"我静静地看着她,之后继续说道:"如果手机对你来说是玩具,那么我希望你注意,我们有更重要的事情要做,在这里——高中。如果手机对你来说是通信工具,我想这些事完全可以在宿舍做,对吗?手机我替你保管了,你什么时候进入班里前20名了,我什么时候还你,或者期末放假再还你。"我知道对现在只处于班里40名的她,考前20名无异于天方夜谭,我既想刁难她,打消她使用手机的想法,更想让她自己有个学习的目标。"老师,我考不到前 20 名,我只能努力考到前 30 名。只要我考到前 30 名,你把手机还我,可以吗""30 名太低了,你能考到前 25 名,我就把手机还你。""好一言为定,老师你一定要说话算数啊。"她居然是笑着走出去的,我都在怀疑自己的谈判能力了,李明啊,老师希望看到你的进步,我心里默默想着。

终于,第一学期的考试成绩出来了,我把李明又叫到了办公室。"李明,月考名次知道吧,班级里的第 35 名,对吧? 手机还想要不,这样的名次可不是咱们约定的内容吧,你怎么解释?""老师,我真的很努力了,学案我都按时做,上课听讲也很认真,但成绩还是这样。""其实老师也看到你的努力了,今天叫你来就是一块讨论一下你的成绩为什么进步不大。我猜你的学案一定有相当一些题目一直没怎么搞懂,学科代表要的时候,就抄别人的吧,不和别的同学交流,只是埋头苦学是行不通的。不会的地方要多向同学、老师求教,三人行必有我师。理科的一些知识点,可能自己一个人几天也想不通的。刻苦很重要,科学高效的学习方法也很重要。我们学校的课堂模式和许多学校都不同,必须细致地做好自主学习,合作探究时要把自己的疑难及时说出来在组内找寻答案,做好整理。文科的知识要学会使用知识表格和框架让知识体系化,只有体系化才能记得更牢。老师相信你,你是个很聪明的姑娘,一定可以找到适合自己的方法。有什么问题,随时来找我。"说话中,我看到她的表情由紧张变为轻松自信。经过近一个月的观察和这次谈话,我看到了更多的希望。

下午,李明自己来到了我的办公室。"老师,我能不能先把我的手机拿走,放假了再交给您?""可是你离我们约定的目标还好远呢。再说,国庆假期一直在家里,手机也没什么用,还是算了吧。""老师,我爸爸前天才出院,我不想让他知道我在学校玩手机被收了。""既然你是个孝顺的孩子,你的想法可以考虑,但我有两个条件:一个是认真完成各科的假期作业,另一个是写一篇作文《父母的假期》。收假时作业、作文、手机一起交给我,没问题吧!"也许这个假期,她会更好地成长吧。

期中考试结束的时候,李明在我还没找她的时候,再一次来到了我的办公室。"老师,我的成绩仍然不理想。我知道您很关心我,但我却那么不争气……""你不要自责,学习和好多事一样,不是那么一帆风顺的。我们在想尽办法努力的时候,别人往往也不是原地踏步。不要因为名次的不如意而否定自己,也不要因为父母和老师的怀疑而放弃进取。你的成绩总分不高,主要是理科科目考得不理想,要多在弱势科目上下点功夫。另外现场会就要到了,我希望你发挥你绘画的特长,多为班级的文化建设作出贡献。"看到她的成绩进步不大,我也很难受。我所能做的就是鼓励与安慰。下午,我把手机还给了她,并告诉她:"知道为什么把手机给你吗?因为从这两个月的表现看,你可以处理好手机与学习的关系,而且你在咱们班的现场会文化建设中贡献几乎最大。但有一点记着,不要停止提高成绩、完善素养的脚步,我们的人生命运把握在自己手中,一种选择会成就辉煌,另一种选择会输在起跑线上。没勇气的人给失败找借口,有魄力的人给成功找道路。对父母最好的回报,莫过于想方设法让自己成才。"

【案例分析及反思】

首先,学生所表露的每一个问题都可能是一次教育的契机。如果只是把手机收走或只是单纯地批评都只能把问题解决在表面,不仅没有从根本上解决问题,往往还会造成班主任和同学的情感对立,而把问题的解决与对学生的教育结合起来,把学生犯错后的愧疚心理通过合理的目标转化为进步的努力,就会把问题落到根上。

其次,对学生的评价不能只停留在成绩这一个层面,而应该重点考虑学生的学习、生活态度及学生的爱好、特长,在其中找到与学生的共鸣点,和学生共同分析并找到问题所在,明确前进的方向。没有不想进步的学生,作为班主任一定要帮助学生找到成功的喜悦。

最后,对学生要进行必要的批评与教育,但更需要平等的交流与建议。学生的心田像干涸的土地,等待着老师表扬、鼓励、安慰的雨露滋润。学生作为未成年人往往有着比成年人更严重的挫败感,挫败感的长期存在就会导致学生自暴自弃,教师一个善意的眼神、一句体贴的关怀都会激发学生上进的力量。

八、我的教育故事 3(山东省平度师范学校 韩官海)

班主任是班级管理的核心,良好班风的构成、学生身心的健康成长、文化素质的提高,都离不开班主任在其中至关重要的作用。当一个班主任容易,但当好一个班主任,管好一个班集体就不是一件容易的事情了。自担任班主任以来,我忙碌着、紧张着,同时也充实着、欢乐着。今日本着学习的原则,借这次机会把自己担任班主任以来的心得和体会与大家分享,有不妥之处期望能得到大家的指正。我的工作原则用几个字来简单形容就是"三心二意一勤"。

（一）用"细心"去做好每一件事情

班主任要想管好一个班级,除了靠制定一套切实可行的班级公约,以制度去管理学生外,还要靠细心来做好每一件事情。教师的思想、行为对学生会产生潜移默化的影响,尤其是班主任,影响更为直接。所以,班主任应当时时处处以身作则,严于律己,宽以待人。这样,才能给学生以良好的影响,做起事来也得心应手。凡是要学生做到的,教师必须先做到,并且做得更好。比如,要求学生不迟到,班主任必须提前五分钟到位查迟到;要求学生课间捡地上的纸片,班主任看到教室有纸也要捡,更不能一脚踏上去视而不见。这样,才能用自身行为影响和感染学生,达到"此时无声胜有声"的效果,促进他们养成良好的行为习惯。

（二）用"诚心"去捕捉每一颗心灵

作为一个班主任,要想管理好班级,首先就应当了解学生,做到心中有学生、心中想学生。尤其是注重诚心与学生谈心。学生有缺点,批评时要尊重学生的人格和自尊心,同时批评学生要因人而异,讲究时机、地点与方法,不夸大、不讽刺、不挖苦,要诚心诚意帮学生改正缺点。对学生提出的问题或要求,不光要从自我的角度去分析,更重要的是从学生的角度去研究,多为学生出主意,让学生觉得你是真心实意为他着想。要和学生平等相处,以诚相见,做到亦师亦友。不要高高在上摆班主任的架子,当然也不能零距离接触,要把握好与学生的度。要经常深入到学生中去,及时了解学生的思想状况,对学生中出现的问题,要积极主动,诚心帮助。教师用心去观察了解学生,发现每个学生心灵深处的微妙变化,并把自己的思考过程告诉学生,坦诚相见,比直接把结果告诉学生成效要好得多。

（三）用"爱心"去关爱每一位学生

班主任在工作中无论对人对事都要公正、平等,尤其是对待后进生要真心实意,不要给学生一种"教师做个样子"的感觉。平等能够营造融洽,爱心可使枯木复苏,耐心能够修好"破罐"。班主任虽然不可能将自己的精力在同一时期平均分给每一个学生,但只要我们心中装着全体学生,用心去关爱每一位学生,就一定能够发现学生身上潜藏的智慧和创造力,挖掘出每一位学生的闪光点。

（四）"有意"放手让班干部管理班级

班主任工作千头万绪，事务繁杂，既抓教学业务，又抓班级管理，有时还兼上其他班的课。这样一来，如果不选出一支好的班干部队伍协助班主任管理班级是不行的。班干部是班主任的得力助手，选举班干部时必须民主、公正、公平、公开，不能由班主任点名委任班干部，这样做不能服众。选出班干部以后，人员分工要明确，各人有各人的岗位职责，各司其职又协调配合，共同管理好班级。班主任要放手让班干部去管理班级，要信任他们，鼓励、指导他们如何去抓班级管理。如果指导得好，班主任工作就事半功倍，班主任也就能抽出更多时间去钻研教材、传授更多的知识给学生了。

（五）"留意"捕捉每个学生的闪光点

一个班几十名学生，各人有各人的个性特点。这就需要班主任平时留意观察、了解、掌握每位学生的脾性，注意捕捉他们的闪光点，因势利导，扬长避短，因材施教。既要让学生全面发展，又要充分发挥他们的特长。班主任平时要留意了解学生，捕捉学生的闪光点，因材施教，使每一位学生都能充分发挥自己的特长，取得尽可能多的提升。

（六）班主任要搞好班级工作还得靠"勤"

一要勤于深入学生的生活。当今的高中学生与过去的学生相比，有了明显的变化，既期望班主任和他们能打成一片，参与他们的各种活动，又期望得到班主任的尊重、爱护和关心，期望能直接得到班主任的多方面指点。我们要善于捕捉与学生交谈的机会。其实与学生交流的机会很多，比如上自习、课前、查宿舍、跑操，还可以看交流日记、批作业时留言，写几句话，指出问题或给予鼓励。

二要勤于观察。班主任要获得关于学生的第一手资料，就要事事留心、时时注意、处处发现，比如，在课堂上观察学生的听讲状况、情绪表露、答题的正误和角度、作业的质量和速度，在课外活动中观察学生的意志品质、个性倾向、人际关系和团体观念等等。

三要勤于思考。加强反思，对班里每一天出现的问题要及时处理。借助学校的"每周量化"及时了解学生状态，有针对性地处理一些违纪学生。不要与学生形成对立，要动之以情晓之以理。在处理违纪学生时不少教师动怒，可能就因为学生的一句话。但教师更容易满足，同样因为学生的一句话。陶行知先生说过："你的教鞭下有瓦特,你的冷眼里有牛顿,你的讥笑中有爱迪生。"教师必须善于控制自己的感情,不能以体罚学生来发泄自己的感情。同时,一个合格教师,必须具有灵活的教育机制,善于处理各种偶发事件和教育过程中的其他问题。教师对学生既要尊重信任,又要严格要求;既要面向全体,又要区别对待,因材施教;既适时适度,又持之以恒;既重视学习,又注意品德、体质的发展,让鼓励赞美成为孩子快速成长的动力。

九、与同学们一起成长(山东省平度师范学校　李永杰)

时光飞逝,转眼间这一学年就要结束了。作为一名刚刚从事教育工作的年轻教师来说,我虽然没有轰轰烈烈的业绩,也没有惊天动地的壮举,但是我能与学生和谐相处,共同成长,这是我最大的收获。

回首近一年来的班主任工作,我再次感到当班主任是多么的不容易,收获中有汗水也有泪水。从第一天当班主任的那刻起,我心想一定要把这个班级管理好,不管遇到什么困难。在工作当中我逐步做到了以下几点。

1. 全面了解学生。记住学生的名字、了解学生的基本情况。

2. 教授他们如何提高自己的综合素养。比如教同学们说话的语调,见到老师要问好,离开自己座位后要把板凳放到桌子下面,和老师说话时要主动站起来。

3. 用爱心唤真情。比如多一些陪伴,让他们感受到班主任的辛苦。

4. 多听听学生的声音。在每件事上不妨都听听学生的意见,看看他们态度如何。

5. 用个人魅力吸引学生。比如会唱的唱,会跳的跳。这一点是最重要的。学生只要喜欢你这个老师,就会接受你说的话,愿意听你讲的课。

另外,我认为多和学生沟通交流很重要,我几乎每天都给他们讲一个"小故事大道理"和笑话,这样能提高学生的兴趣和班主任的魅力。给每位同学一点小的所谓的权利,哪怕是很小的一点,这样有利于提高学生的自信心。在课外活动时间组织一些辩论赛、对歌、拉歌比赛之类的活动,这样学生就会减少吵架、谈恋爱等其他问题。还有最重要的一点是告诉学生要学会忍耐,别冲动。当然年轻人都冲动,可以给他们多讲一些冲动的后果。不要对老师隐瞒,有什么说什么。告诉他们低调是最高明的张扬,忍耐是最高调的宽容。

犯错误是难免的,没想到我做了上述这些事情之后,捣乱的学生还是特别多,我确实有点伤心了,有一天因为一些小的事情,把我惹怒了,我对所有学生大发雷霆,和他们讲述了我担任班主任以来所做的一切,所有的学生都被感动了,原来之前我虽然做了那么多对他们好的事情,但被他们当成了一种理所当然,没有当成一种老师对学生的爱心来对待。所有学生集体向我道歉,保证以后做一个听话的学生。所以,有些时候给学生上思想教育课是非常有必要的。

因为我是一名年轻的班主任,所以有些时候不想找家长,允许孩子犯一些错误,甚至有些时候还帮着孩子隐瞒家长,想让犯错误的学生及时改正,让父母看到孩子的成长,但是通过一件事情,我感觉我错了,父母和老师的及时沟通其实是很必要的。有一个女生特别爱谈恋爱,不爱学习,还捣乱,我和她谈过很多次话,她也和我保证过很多次,但还是屡教不改,这天上课她顶撞老师,我很生气,就直接拨通了家长的电话,让家长来一趟学校,而家长却说,"孩子交给你了就应该你管",我就说,"确实应该我管",家长又说,"我孩子犯什么错误了啊?"我说,"您有时间来趟学校吧,一两句话说不清楚",家长又说,"那就是我孩子犯的错误太多了呗,犯这么多错误你才告诉我们,为什么一开始没有告诉啊?"我听了这些话很无奈,无言以对,但是我还是耐心地说:"确实是如此,但是我们也得给孩子改过的机会啊,不能动不动就找家长啊,但是如果总犯错误我们不得不找家长啊,所以请您体谅。"我说了这些之后,家长也慢慢平静下来,说,"行,那我下午去看看"。

通过这件事情我也明白了,有些时候适当和家长沟通孩子的情况也是非常有必要的,不能老包庇学生,总包庇会使学生的惰性越来越强。在以后的工作当中,我会更加呵护、关心我的学生、遵守我的承诺,与我的学生一起成长。

十、班级管理　德育先行（山东省威海山大实验学校　代小凤）

苏霍姆林斯基说:"要记住,你不仅仅是教课的教师,也是学生的教育者、生活的导师和道德的引路人。"一个好的班主任,应该是能够以身作则,在细微处教育孩子,在点滴中让孩子们知道什么是对,什么是错,什么是善,什么是恶。衡量一个老师是不是一个好的教育者,不仅仅是看他教的学生成绩如何,更要看他教出的学生品德如何。

教师的职责是教书育人,班主任工作的重中之重在于育人。要教育孩子成为一个怎样的人是班主任首先要考虑的问题。当班主任的第一年,我倍感责任重大,害怕自己因经验少当不好班主任。一位从教多年的班主任对我说:"不要怕,你是一个有责任心、爱孩子的人,当班主任,少不了这两点。"

责任心让我时刻换位思考,如果我是家长,我希望我的孩子被教育成什么样的人?应该是一个德智体美劳全面发展的人,一个积极向上的人,一个永不言弃的人。作为班主任,这也是我的育人目标。

当代社会网络发达,各类电子产品充斥于孩子们的生活中,不少孩子对手机上瘾,不喜欢运动;由于疫情,许多孩子人际交往能力下降,不爱出门,喜欢宅家;上网课缺少真实互动,对学习提不起兴趣;离婚率上升,单亲家庭和留守儿童越来越多,这些都是摆在班主任工作面前的难题。另外,初中孩子正值青春期,心理敏感,说轻了不听,说重了更加逆反。他们精力旺盛,上课往往不能长时间集中注意力,容易破坏纪律。他们自尊心强,一旦遇到一点点挫折或者不公正待遇,情绪波动很大,很容易失去理智,误入歧途。

在班主任工作中我发现,想让孩子们成长为德智体美劳全面发展、积极向上的社会主义建设者和接班人,只有秉承一个理念:育人先育德,育德先育心。这样才有可能取得好的教育成果。

做班主任,难免会有班级成绩的对比,班级排名靠前自然班主任也感到自豪和骄傲,班级排名靠后,班主任往往感到脸上无光,倍感自责。想要孩子考出好成绩是人之常情,但是我时常告诫自己,孩子不是工具,不能因为孩子成绩不好就另眼相待,而是要爱每一个孩子,发现每个个体的闪光点,打开他们身上的"开关",让每一盏灯都发光发亮。

每一个孩子都有他自己独特的闪光点,只是在应试教育的体制下,很多成绩不好的孩子被贴上"坏学生"的标签之后变得自卑,甚至认为自己什么也不是,自我放弃。小林的学习成绩一直是我们班倒数第一。这个孩子写字写得很慢,背诵也背得很慢,无论小测试还是大测试基本都交白卷。老师们都说,小林的眼神是空洞的、暗淡无光的,这个孩子怎么教也学不会。

有一天,我偶然发现小林打扫卫生打扫得很干净!于是我把最重要的教室卫生交给他,每次进教室看到干干净净的地面我就会在全班面前表扬小林,让同学们知道小林能力也很强,做到了很多同学做不到的事情。随着一天天在卫生方面得到认可,小林的眼神似乎有光了,他体育课主动留在教室里打扫卫生,要知道,体育课可是同学们最喜欢的课!他说他热爱这个班集体,他愿意让教室变得更干净,虽然他学习不好,但是老师还把这么重要的任务交给他,他一定要做好!

我说:"小林,学习只是初中生活的一部分,衡量一个学生是不是好学生不只有学习这一个维度,你在老师眼里是独一无二的,你是一个认真的人,不论做什么事情都能做得很好,老师相信你。"

我看到小林眼睛里有泪珠在打转儿,他赶紧别过身子扫地。晚上他妈妈打电话给我,感谢我鼓励小林,说他开始对学校感到喜欢了,也重新对学习有信心了。

"德为立身之本。"可见,育德是一个人成长的开始,德者,才之帅也,才者,德之资也。"德"是"才"的统帅,决定着"才"发挥作用的方向。著名教育家斯霞指出,智育不好是次品,体育不好是废品,德育不好是危险品!在班级管理中,我的班干部选拔要求最重要的是有德行,能自律。

班干部队伍建设是班级管理非常重要的一环。班主任不可能时刻在班级中,当班主任不在时,一个班级班风的好坏往往是班干部队伍决定的。有的同学才能很高,但是德行不足,表现在自律性差,自己管不住自己,却总想着管理别人。有的同学才能一般,但是公平公正,自律性强。我和同学们说:"班干部首先要做到自律、公平和公正。不论你的才能多高,成绩多好,没有好的德行都不能当班干部。"因此我们班的班干部是由"自律性强、公平、公正、德行高"的队伍组成。

育德先育心。当我们在抱怨孩子不听话、逆反、倔强、胆小的时候,我们扪心自问:"我们懂孩子吗?"孩子,作为自身学习和成长的主体,他们渴望被尊重、被理解、被接受、被认同……孩子最需要的是老师的"懂"。老师不懂孩子,就会错怪孩子,就会不切实际地要求孩子,会把孩子推得很远,甚至爆发情绪战争。老师不懂孩子,就不能给孩子真正的爱。读懂孩子是学会爱孩子的第一步,只有走进孩子的心灵,多花时间陪伴孩子,细心观察他们的一举一动,试着去理解他们言行背后的内心世界,了解他们的内心需求,家长才能让孩子得到真正的快乐,形成健全的人格。正如潜能激励大师安东尼·罗宾所说:"每个人身上都蕴藏着一份特殊的才能,那份才能犹如一位熟睡的巨人,就等我们去唤醒他。"

众所周知,教育工作首先是感化人的工作,感人心者莫先于情,这个情就是爱。班主任应该时刻关注孩子心灵的波动时机,把握好传递爱的契机。孩子忧愁时,及时慰藉,使其得到排解;痛苦时,送去温暖,使其得到解脱;困难时,雪中送炭,使其得到帮助;矛盾时,积极化解,使其豁然开朗;期待时,合理满足,使其得到激励。当孩子发现你真心对待他,理解他内心想法时,他才愿意打开心扉,让你走进去,你才会对他产生真正的影响。

师者,所以传道授业解惑也。当学生走出校园之后,知识可能渐渐忘却了,可做人的道理,是不会忘记的。

十一、打开窗户,让阳光照进来（平度市职业教育中心学校　何建民）

个体出现的许多心理问题,都可以在他的生活中找到痕迹,大多是儿时的创伤,通过潜意识表现出来的。——题记

课外活动时,我在办公室里整理材料,有一个身影出现在门前徘徊了一会,没有敲门。我出去一看,是满脸忧郁的女孩小 A,她站在门口,怯生生地问:"老师,我想咨询,可以吗?"我热情地请她进来坐下。慢慢地,小 A 说出了压抑已久的苦恼。

(一)问题情景

问题一:走不出的圈

"老师,我的学习成绩属中等偏上,我想使劲努力,就是做不到。平时上课很难集中精力,常常分心。有时上课就会想起我晒在栏杆上的衣服被风吹走了没有,多次地想这样一些不足挂齿的小事。我告诉自己,不要想了,会耽误学习的,可偏偏想得更厉害,我意识到这是一个错误,想走出这个圈,可怎么也走不出来。"

"老师,我苦恼极了,再这样下去,怎能对得起家长和老师,还说什么理想与追求。"

为了让她压抑已久的内心痛苦宣泄出来,我没有马上追问。过了一会,她又沉重地说出另外一件事。

问题二:杞人忧天

"最早在我心里留下创伤的是一次偶然的事——饭票事件。至今,我还充满了疑惑。那时在初中二年级,我在校住宿、吃饭。月底,父亲把卖小麦的 200元给我买饭票。我把钱给了生活委员,由他统一购买。几天过去后,生活委员还没有给我饭票。我就想,是丢了,还是其他原因?想去问生活委员怎么还没给我买回来,又不好意思问,害怕同学说:'真小心眼,买好了还能不给你。'只

好再等几天,到了周末,我终于鼓起勇气问生活委员,给我买好饭票了没有。他说了一句让我今生都难以忘记的话:'我已经给你了。'顿时,我愣住了,我所担心的事真的发生了,我是一个倒霉的'预言家'。那可真是有嘴也说不清,我惊呆了。

当时考虑,我们学生来上学的目的是学习,把这件事情报告老师,我也没有证据,虽然我有良好的品质。告诉家长,家长只会骂我,也不可能有别的办法。为了不影响自己的情绪,不再次影响学习,我把这件事深深地埋在心底。没有告诉老师,没有告诉家长,没有告诉同学,谁都没有说。这可真是哑巴吃黄连,有苦说不出。

没有了饭票,又不能向家长要,我只好每个星期从家里带干粮,在忐忑不安中度过了那段时间。

这一次偶然的事件,给我留下了很深的伤,使我遇事便向消极的方面处理,向坏处想,感觉自己就是不幸的'预言家',产生一种杞人忧天的心理,不忧郁都难以做到。"

问题三:弄假成真

"有一次,宿舍里的一位同学丢了钱,老师带我们宿舍的全体同学回去查找,在我们站在一旁等待的过程中,我的脸慢慢变红了。我心想:'同学们能不能认为是我偷的?'想着想着,我的脸就红了。

如果当时真的在我床铺处找到,我当场就会疯的。明明不是我,我为什么会有这种心理?"

(二)个人经历

在与学生小 A 的闲聊中得知,小 A 生活在农村,经济状况较差,一家八口人,爷爷奶奶、爸妈、一个妹妹、两个双胞胎弟弟都生活在一起。因为脾气等原因,四个大人经常吵架,小 A 夹在中间,哭泣着劝阻,可这样的事还经常发生。每次放学回家,她都害怕吵架声,在孩童的心里,那就像天塌了一样。

但家长们有个共性,就是很疼爱这个长女,希望她好好学习,鲤鱼跳龙门,将来能考上大学。小 A 也是一个很听话懂事的孩子,学习认真,成绩较好,但不愿参加任何集体活动,如运动会、文艺晚会,为了更好地学习,什么事都能谦让,一心为学习让路。小 A 不愿意让家长失望,可现在,她管不住自己的思想。

（三）分析诊断

治疗的基本原理：合理情绪治疗法。

以理性治疗非理性，帮助当事人以合理的思维方式代替不合理的思维方式，以合理的信念代替不合理的信念。最大限度地减少不合理的信念给他们的情绪带来的不良影响，以改变认知为主的治疗方式来帮助当事人减少或消除他们已有的情绪障碍。

小 A 是一个多愁善感，又追求完美的人。在家长的眼里，她是一个听话懂事的孩子。在老师的眼里，她是一个不太言语、学习刻苦的学生。在同学的眼里，她是一个善解人意、乐于助人的同学。就这样一个在别人看来是好孩子、好学生的人，由于个人习惯和客观因素的影响，具有了抑郁、焦虑、强迫的症状，在长时间内，心理发生了扭曲，要想使她逐渐走出自己划的圈子，单凭心理老师在短时间内是难以完成的。因此需要多角度、多方位的共同协助，慢慢地展开。

1. 心理疏导

生：我想马上改变自己的性格，使自己大胆、自信，能全身心地学习。

师：你的想法很好。但不要过急，上课容易分散精力、杞人忧天、自责、优柔寡断等特点，是许多同学都有的青春期的烦恼，不要把它扩大化。

生：我还以为就我自己有这些想法呢。

师：你可以与你的好朋友、同学一起交流，看他们都遇到过什么问题，怎样解决的。你可以给自己制定一个计划：上课时什么都不要管，有问题下课再处理。反正都是些鸡毛蒜皮的小事。

生：遇到问题，我老是想坏的方面，典型的杞人忧天，害怕天掉下来。

师：你退一步想，就是天掉下来，你怕什么。有珠穆朗玛峰和乔戈里峰在那顶着呢！

生：（笑）

师：有世界最高峰擎着，有世界巨人顶着，还有什么可怕的。

生：遇到问题，我很容易自责，也很难过，感觉都是因为我，才把事情搞得这么糟。

师：学会说"不"，不是我的错，如果没有我，事情会更糟，这一点，你一定要相信。

生：……（沉默）

师：你是一个认真的学生，对自己要求很高又追求完美，在生活中，不管什么事都会有正反两方面，要站在阳光的一面，你才会逐渐成才。

你看这张图，告诉我图上画的是什么？

生：这是一个老太太。

师：请你再仔细看看。

生：噢，我看出来了，她既是一位老太太，又是一位少女。

师：这是一张心理学上称为少女像与老太太像相互转换的双面图。一张同样的图，我们能看出两个不同的图案。

你知道这是为什么吗？其实这是由于我们站的角度不同，我们的知觉程度不同，从而使我们得出不同的结论。

生：老师，你是不是想要告诉我，对于同一件事，由于我们以各自的观点看待，会得出不同的评价？

师：小A，你是一个很聪明的学生，做任何事，都要从积极因素出发，内心充满阳光，你就会有阳光的一生。有点阴暗的地方，也会被阳光照耀着，变暖、变亮。

2.多方面配合协助

（1）同学协助

小A同学是很幸运的，她也有几位要好的同学，针对心中的结，小A向其中一位倾诉："同学一说丢了东西，我就会心跳加速、脸红。"她的同学就会安慰她："你品质这么优秀，心地又善良，没有一个人怀疑你，我敢担保。纯属你自己考虑得多了。"听了同学信誓旦旦的话，小A心也宽了，眉头也舒展开了。以后每遇到类似的问题，心中有疑惑就和好朋友交流，渐渐地窗户打开了，阳光也照进了心田。

同学的关心、爱护和相互帮助，是浇灌心灵之花的神水，是保持心理健康的一个重要方面。

（2）家长的配合

小A深爱家庭中的每一个成员，尤其是对她倍加关心的长辈，但又害怕听到他们的吵闹声。一想到那场面，心里就隐隐作痛。

我作为老师，与家长取得了联系，把小A的忧虑告诉了他们，他们很吃惊，没想到会给孩子产生那么大的影响,都表示,为了孩子,他们不再吵闹,给孩子一个安静的家。

和睦的家庭,是孩子心理健康的基础,是爱的源泉。

（3）体育活动

运动是世界上最好的镇静剂,是治疗心灵的一剂良药。针对小 A 的特点,我主要推荐两个运动项目。

长跑:每天晚自习后,进行半个小时的长跑;

羽毛球:课外活动与同学一起打羽毛球。

通过体育锻炼,加强与同学的交流,敞开心扉,感受阳光。身体强壮了,心结打开了,上课也逐渐地能集中精力学习。

（四）发展阶段

1. 初级成果阶段

有了家长的支持、老师的引导、同学们之间的友好交往,小 A 逐渐自信、开朗起来,阳光般的笑容也常浮现在那青春的脸上。她战胜了自己,一天一天地进步。在中职升学考试中,小 A 凭着坚强的毅力,考入某师范学校。

三年后,小 A 被分配到乡镇的一所成人教育学校教学,做班主任工作,也逐渐有了成绩。

2. 自我巩固阶段

最近几年,在与小 A 的交流中,她偶尔也会提出一些心理问题,但与她上学时,已有质的变化。首先,能自己走出这个圈了,她读了许多心理学方面的书,作为个人修养、心理指导的基础。其次,遇到问题,与朋友、同事商讨,也能找到解决的方法。第三,随着年龄的增长、生活阅历的增加,那些曾经烦心的小事,早已不足挂齿,随风而去。

小 A 掌握了开启心灵的钥匙,走出了误区。有了一个健康的心理、健康的身体、健康的人生。

现在,许多人有心理疑惑时,还常找她探讨解决的方法。她在自我完善的同时,也为别人打开了一扇窗户。

（五）后记

拯救一个心灵,守护一个家庭的幸福,打开一扇窗户,世界就会充满阳光。

抑郁、焦虑、强迫、敏感、多疑等症状,是心理问题中常出现的。它们的形成因素是多方面的,如环境因素、家庭原因、遗传因素、性格因素,并且也是长时间形成的。小 A 是我多年前的一位学生,我关注了她心理成长的整个过程,从她的成功案例中,我总结出三个需要注意的点。

1. 不要急于求成

对于心理问题,不是一天两天就能解决的,需要循序渐进,慢慢解决。老师对学生的疏导,是给学生指明方向,在看似无意的引导中,让学生渐渐走出阴影。

2. 亲友团的帮助

单凭心理老师几次谈话是不够的,还需要身边的同学、朋友、家人的帮助,遇到问题,及时沟通,及时解决。

3. 加强体育运动

通过体育运动,如跑步、打篮球、踢足球、打羽毛球,增强体质。身体强壮了,心理也就坚强了。运动是治疗心灵的一剂良药。